佐藤俊ほか『債権法改正を踏まえた契約書法務』

標記書籍の記載につき、訂正箇所がございましたので、お詫びを申し上げますとともに、読者の皆様におかれましては、以下のとおり訂正の上、ご利用いただきますようお願い申し上げます。

（令和２年４月）

〔訂正箇所〕

163頁（第４項に続いて、後記の内容を挿入してください。）

〔訂正（追記）内容〕

5　貸出人が、連帯保証人に対して保証債務の履行の請求をしたときは、その請求は借入人（他に連帯保証人がいるときは、当該他の連帯保証人を含む。）に対しても効力を生ずるものとする。」

【コメント：連帯保証人に対する履行請求を絶対的効力事由とする特約である。】☜第１章３(1)エ

実務家による改正法シリーズ②

債権法改正を踏まえた契約書法務

弁護士 佐藤　俊
弁護士 土岐 俊太
弁護士 吉原　秀 著

発刊のご挨拶

このたび、大阪弁護士会協同組合より、「債権法改正を踏まえた契約書法務」が発行される運びとなりました。

令和２年４月を迎え、いよいよ民法の一部を改正する法律（平成29年法律第44号）が施行されましたが、これを受けて、今後、既存の契約書や各種の規約をどのように改正法に対応させるかについて、検討の必要性が高まり、実務の動きも加速することが予想されます。

また、弁護士や企業法務を担当される皆様も、既存の契約書や各種の規約等を実際にどのように修正すればよいのか、日々頭を悩ませておられることでしょう。

そのような状況の中で、改正された債権法（以下「新法」といいます。）について扱った書籍や文献は既に多数刊行されているものの、契約書や各種の規約の作成・修正に特化した書籍は、今もなお、決して多くはありません。

本書は、契約書及び定型約款に関連する改正項目に特化して実務上の留意点をまとめ、かつ、契約当事者の立場も踏まえた各種の契約書や定型約款の修正例も備えており、新法のポイントを正確に理解しながら具体的なイメージをもって契約書や各種の規約の作成・修正を進めたいという実務のニーズに応えようとした一冊です。

執筆者は、いずれも、新法に関するセミナーや契約書・規約類のレビュー等に携わる経験豊富な弁護士で、本書でも、実務上の経験に基づいて、見直しが必須となるものに限られず、その見直しを契機として検討する余地のある事項についても言及されています。本書を通読いただければ、実際の契約書や各種の規約等の作成・修正に関するノウハウの向上はもちろんのこと、契約書の文言に関する交渉戦略や視点の獲得にも役立つのではないかと期待しています。
　弁護士はもちろんのこと、契約書等の作成の実務を担う企業法務の担当者の方々など、本書を手に取る皆様にとって、本書が手助けとなれば、望外の喜びです。
　末筆ながら、当組合の出版委員会第５部会の皆様に多大なるご協力をいただきましたことに心からお礼申し上げ、本書発刊のご挨拶とさせていただきます。

令和２年４月
大阪弁護士協同組合
理事長　大砂　裕幸

はしがき

民法のうち、いわゆる債権法に関する改正法（平成29年法律第44号に基づく改正後の民法）が、ごく一部の例外を除き、令和２年（2020年）４月に施行された。このような債権法の全面改正は、明治29年（1896年）の民法制定以来、実に約120年の時を経て初めてのもので、かつ、民法という「私法の基本法」の抜本改正であるだけに、長年旧法下で行われてきた法律実務を幅広く見直す必要が生じるところである。新法に関する詳細な解説や論稿等は、新法成立に前後して多数公刊されており、法律実務家各位においても改正項目や論点等についての理解を深めておられるものと拝察するところであるが、長い時を経ての基本法の抜本改正であるだけに改正項目が多岐にわたり、各改正項目の実務への影響の有無や濃淡を網羅的に理解することが困難であるとの声も聞かれるところである。

本書は、法律実務の基本ともいえる契約書及び約款に焦点を当て、今回の債権法改正を受け、契約書等をどのように作成又は改定すべきなのか、そのポイントを網羅的に整理し、これに加え、実際の契約書等の修正を試みることを通じて、特に契約実務への影響の大きな改正項目を鳥瞰することを可能にした実務書である。第１章において、各契約類型に共通して影響を及ぼす改正項目を整理し、第２章から第６章では、売買契約、定型約款、賃貸借契約、請負・委任契約（業務委託契約）、消費貸借契約という、各種契約類型毎に、関連する改正項目とその影響を整理するとともに、契約書等の修正例を示した。最後に、第７章において、各種契約の作成・修正等においても必要不可欠である債権譲渡に関して改正項目と実務上の留意点を整理している。

本書の中では、一部、新法の制定過程において十分な議論がなされておらず、本書執筆時点では管見の限り学説上の議論も乏しいものの、実務的に問題になるであろう論点について、「コラム」と称して話題提供を行っている。これらの論点については、今後の議論に期待したい。

このように、本書は新法に関する実務書ではあるが、理論と実務の架け橋の書となることを志向し、関連する書籍等をできる限り網羅的に拾って、文中に出典を明記している。なお、意見にわたる部分は、著者らの個人的見解にとどまるものであることをご了承いただきたい。

本書の出版に当たっては、その企画段階から、大阪弁護士協同組合専務理事の佐藤泰弘先生、木村一成先生をはじめとする同組合出版委員会第５部会の皆様に多大なご尽力をいただいた。また、本書執筆のきっかけとなった、同組合主催の弁護士向け専門研修「債権法改正を踏まえた契約書法務研修」（令和元年７月）に関しても、同組合研修委員会の藤原正人先生、山田諭敬先生には、テーマ設定から参加者各位への案内、当日の設営まで大変なご尽力をいただき、その中で参加者各位から出た質問や意見により、本書の内容を深めることができた。加えて、推敲の過程では、本書全体に亘り、必ずしも見解の一致をみない議論に関する検討も含めて、弁護士法人大江橋法律事務所の平山直樹弁護士にもご助力いただいた。本書発刊に当たり、ご尽力をいただいた皆様に、この場を借りて厚く御礼申し上げたい。

令和２年４月
執筆者を代表して
弁護士　佐藤　俊

◆ 本書の使い方 ◆

1．契約書の作成等に焦点を当てて、新法の内容を俯瞰する

筆者らが想定している本来的使用法であるが、本書を第１章から読み進めることにより、契約類型を問わず契約書作成等において留意が必要となる点を理解し、その理解を前提に第２章、第４章、第５章、第６章において、契約類型ごとに個別に留意を要する改正項目の理解を深めることができるように工夫している。また、実務上の重要性に鑑み、第３章で定型約款に関する規律及び実務上の留意点を解説している。最後に、第７章において、各種契約の作成・修正等においても必要不可欠である債権譲渡に関して改正項目と実務上の留意点を整理している。

第２章では、売買基本契約書を念頭に置いているが、他の契約類型に応用可能な視点も盛り込んでいるため、第１章と第２章を通覧いただければ、契約書作成等のための新法の理解という意味で、いわば「土台作り」が可能となるように配慮したつもりである。第２章までで「土台作り」が終われば、次章に進んでいただき、今般の債権法改正との関係で実務上も各企業・事業者が対応を迫られていると思われる定型約款規制について、約款条項の作成・修正について留意を要する点を中心に理解を深めていただけるような構成とした。

第２章から第６章の末尾には、付録として旧法下で通用していたと思われる契約書例と新法を踏まえた修正例を付している（第３章では、定型約款規制との関係で特に留意が必要と思われる約款の変更条項について、付録を設けている。)。契約書修正例には、必要に応じて修正の趣旨をコンパクトに解説し、本書の該当箇所とのクロスリファレンスも設けている。各章の内容を、契約書との関係でより具体的に理解するために、付録も有効活用されたい。

２．契約類型に応じて契約書の修正方法等を確認する

読者の皆様において、具体的に検討を要する契約書があるといった場合には、当該契約の類型にもよるが、個別の章又はその付録から読み進めていただく方法も有用な使用法の１つであろう（このような使用法によっていただくニーズの方が高いのではないかとも感ずるところである。）。

このような使用法で本書をご活用いただく場合には、①付録に記載の修正例は、冒頭に記載している設例を念頭に基本的に一方当事者の立場から修正を試みたものである点、②付録の修正例が想定している「設例」と実際にご検討いただいている契約書の背後にある「実際の事案」には相違があり、その相違に応じて修正方法等を変更する必要があり得る点に留意されたい。

また、個人根保証契約に関する規律を中心に、各契約類型に共通して留意を要する点を確認するため、第１章も併せてお読みいただくことをお勧めする。

はじめに

～新法の施行を受けた契約書作成等における視点～

令和２年（2020年）４月より、新法が施行された。この新法施行を受け、多くの企業や個人が、新法の規律を意識した①新たな契約書の作成、②既存の契約書雛形や約款の改定、③締結済みの契約書に関する覚書の作成、④契約の相手方から提示された契約書案の確認・修正等（以下適宜「契約書作成等」などと表記する。）を行うことと思われる。

周知のとおり、今般の債権法改正は、一般に実務上も広く受け入れられ、解釈の前提となっている学説や判例等の基本的ルールを明文化したものとされているが、その一方で、デフォルトルール（特約がない場合、あるいは特約により排除できない民法の基本的規律をいう。）の変更を伴う規定も複数存在するところである。

民法は、その多くの規定が任意規定であり、特約で排除することが可能であるから、契約書作成等をする場合には、既存の雛形等から修正を施す条項の選別や、修正後の契約書の文言等が重要となる。しかし、その大前提として、債権法改正によって変更された部分を中心に、改正後の債権法全般のデフォルトルール（すなわち、特約を設けなかった場合の規律）を正確に理解しておくことが必須となる。

その上で、まず任意規定に関する契約条項については、以下の視点をもって、契約書作成等をすることが必要であろう。

① 当該契約書等に条項がない事項につき、新法下のデフォルトルールが適用された場合に、自身に不利益となる事項があるかどうか

② 当該契約書等に関係する条項（特約）がある事項につき、その条項が、自身が達しようとする相手方との契約関係を正確

に反映しているか（特に、新法によるデフォルトルールの変更により、当該条項のままで自身に不利益とならないか）

③ 新法下においても、規定・規律の解釈に議論がある事項につき、紛争予防の視点も踏まえて、これを明確化する規定を設けるべきか否か

④ 当該契約書等に明記した条項（特約）が、新法の趣旨を踏まえ、一般条項（信義則、権利濫用等）に反するものになっていないか

契約書は、民法の任意規定との関係では「特約の集合体」ともいうべきものであるから、新法下のデフォルトルールを正確に把握した上で、上記の視点をもって契約書作成等を進めると、効率的かつ脱漏を防止できるものと思われる。新法により変更されたデフォルトルールが自身に有利なものであり、かつ、既存の契約書等に関係する条項がないのであれば、そもそも当該契約書等を修正しない、そのことにより、相手方との交渉の負担を減らす、という考え方もあり得るところであろう。

他方、今回の債権法改正では、契約書作成等に関するもので、強行規定と解される新たな規律（個人根保証に関する規律、債権譲渡に関する規律、定型約款に関する規律等）も複数導入された。強行規定とされる規律に関しては、特に新たに導入されたデフォルトルールを正確に理解し、①作成・改定する契約書等が強行規定に違反しないか、②強行規定が書面性・要式を要求している事項につき、適切な内容の書面・要式となっているか、という視点を持って、契約書作成等をすることが必要となる。

本書でも、第1章以下において、新法下のデフォルトルールを確認しつつ、上記の各視点を意識しながら、契約書作成等に当たりどのような条項が考えられるのか、その視座の提供を試みることとしたい。

目　　次

凡　　例

1　法令名の略語

旧法	民法の一部を改正する法律（平成29年法律第44号）に基づく改正前の民法
新法	民法の一部を改正する法律（平成29年法律第44号）に基づく改正後の民法

2　文献等の略語

部会資料	法制審議会民法（債権関係）部会資料
一問一答	筒井健夫・村松秀樹編著『一問一答 民法（債権関係）改正』（商事法務・2018年）
江頭・商取引法	江頭憲治郎『商取引法〔第８版〕』（弘文堂・2018年）
遠藤	遠藤元一編著『債権法改正 契約条項見直しの着眼点』（中央経済社・2018年）
Ｑ＆Ａ保証実務	筒井健夫ほか『Ｑ＆Ａ改正債権法と保証実務』（金融財政事情研究会・2019年）
ケーススタディ	弁護士法人大江橋法律事務所編著『ケーススタディで学ぶ債権法改正』（商事法務・2018年）
講義	中田裕康ほか『講義債権法改正』（商事法務・2017年）
債権法改正と実務上の課題	道垣内弘人・中井康之編著『債権法改正と実務上の課題』（有斐閣・2019年）
潮見・概要	潮見佳男『民法（債権関係）改正法の概要』（金融財政事情研究会・2017年）
潮見・債権総論	潮見佳男『プラクティス民法 債権総論〔第５版〕』（信山社・2018年）
潮見・新債権総論Ⅰ	潮見佳男『新債権総論Ⅰ』（信山社・2017年）
潮見・新債権総論Ⅱ	潮見佳男『新債権総論Ⅱ』（信山社・2017年）
潮見・債権各論Ⅰ	潮見佳男『基本講義 債権各論Ⅰ 契約法・事務管理・不当利得〔第３版〕』（新世社・2017年）

重要論点	鎌田薫ほか『重要論点 実務 民法（債権関係）改正』（商事法務・2019年）
詳解	潮見佳男ほか編『詳解 改正民法』（商事法務・2018年）
詳説	債権法研究会編『詳説 改正債権法』（金融財政事情研究会・2017年）
定型約款Q＆A	村松秀樹・松尾博憲『定型約款の実務Q＆A』（商事法務・2018年）
中田・契約法	中田裕康『契約法』（有斐閣・2017年）
中田・債権総論	中田裕康『債権総論〔第３版〕』（岩波書店・2013年）
100問100答	TMI総合法律事務所編『100問100答 改正債権法でかわる金融実務』（金融財政事情研究会・2017年）
Before/After	潮見佳男ほか編著『Before/After民法改正』（弘文堂・2017年）
practical金融法務	井上聡・松尾博憲編著『practical金融法務 債権法改正』（金融財政事情研究会・2017年）
ポイント	大村敦志ほか編著『解説　民法（債権法）改正のポイント』（有斐閣・2017年）
山野目	山野目章夫『新しい債権法を読みとく』（商事法務・2017年）

3　雑誌・判例集の略語

民集	最高裁判所（大審院）民事判例集
集民	最高裁判所判例集民事
判時	判例時報
判タ	判例タイムズ
金法	金融法務事情
金判	金融商事判例

第１章　各契約類型に共通の改正項目

１．はじめに

本章においては、各契約類型に共通して影響を及ぼす主な改正項目等として、①経過規定、②個人根保証に関する規律、③債権譲渡に関する規律、④債務不履行解除に関する規律、⑤履行補助者責任に関する規律に関して、新法下でのデフォルトルールの正確な理解と契約書等への反映を目標としてその内容を概説する。なお、このほかにも、有償契約一般に通用し、契約書作成等に影響を及ぼす改正項目は複数存在するが、本書の構成上、第２章以下において、特に関係する章の中で概説することとする。

２．経過規定に関する留意点

施行日前に締結された契約も含め、締結・改定される契約書等が旧法と新法いずれの規律に服するのかを理解しておくことは契約書作成等に当たっての大前提であるため、まずは、新法に関する経過規定について解説することとする。

（１）経過規定の原則と例外

一般に、当該契約の当事者は、法律行為や意思表示をした時点において通用している法令の規定が適用されることを前提としているのが通常であると考えられることから、原則として、施行日前に締結された契約については旧法が、施行日後に締結された契約については新法がそれぞれ適用される[1]。更新条項のある継続的契約や基本契約については、新法施行日後の更新

[1] たとえば、一問一答379頁。もっとも、施行日後に締結された契約につき、当事者の合意によって、新法における強行規定の適用を免れることはできない点に留意が必要である。

（自動更新条項による更新を含む。）の時から、新法の適用を受けることになる[2]。

しかしながら、契約書作成等に際して留意が必要な例外的な経過規定がいくつかある。以下、項目ごとに概説する。

（2）注意を要する経過規定①—債権譲渡

債権譲渡に関する経過措置は、附則第22条がこれを定めており、債権譲渡に関する規定全体について、新法施行日以後に譲渡原因たる法律行為（債権譲渡契約、債権譲渡担保契約及び権利質設定契約等）がなされた債権譲渡には新法が適用されるものとしている。したがって、たとえば、新法施行日前に債権譲渡禁止特約が付されている場合でも、新法施行日以後は当該債権を有効に譲渡することができることとなる[3]。

実務上、債務者側の求めにより、弁済先を固定する目的で債権譲渡禁止特約を付している場合が少なくないが、新法施行日以後においては、譲受人の悪意を債務者自身が立証できる場合は格別、そうでなければその特約によって弁済先を固定するという目的を達成することは旧法の規律に比べて困難になった[4]。

---

2 借地借家法第26条のような、当事者の意思を根拠としない更新は含まれないとされている。なお、民法第619条第１項の更新は、黙示の合意を根拠とする更新であり、原則どおり、施行日後の更新の時から新法の適用を受ける。

3 旧法下においては、債権譲渡禁止特約はいわゆる物権的効力を有するとされ、同特約に違反する債権譲渡の効力は無効であると解されていたが（大判大正４年４月１日民録21輯422頁。最判昭52・３・17民集31巻２号308頁、最判平９・６・５民集51巻５号2053頁、最判平21・３・27民集63巻３号449頁も同様の理解を前提とするものと解される。）、後述するとおり、新法においては、譲渡制限特約に違反する債権譲渡も有効である（新法第466条第２項）。なお、旧法の下では、物権的効力を有することから、講学上、譲渡「禁止」特約という用語が用いられていたが、物権的効力を認めない新法の下では、譲渡「制限」特約という用語が用いられることが多い。

（債権の譲渡に関する経過措置）※附則
第22条　施行日前に債権の譲渡の原因である法律行為がされた場合におけるその債権の譲渡については、新法第466条から第469条までの規定にかかわらず、なお従前の例による。

（３）注意を要する経過規定②―個人根保証

個人根保証契約は、実務上、特に売買基本契約や賃貸借契約、フランチャイズ契約等に付随して締結される場合が多いと思われるが、既存の個人根保証契約に極度額の定めがないような場合は注意を要する[5]。

この点については、３（２）で詳述する。

３．個人根保証契約に関する留意点

（１）個人根保証契約に関する債権法改正の概要

実務上、売買基本契約をはじめとする種々の契約に付随して連帯保証契約が取り交わされる場合が多く、主債務の発生原因となる契約が継続的契約である場合には、当該連帯保証は、保証金額が当初から確定していないいわゆる根保証契約となる。このような場面で、保証人が企業の経営者等の個人となる場合も少なくないと思われる。

このような個人根保証契約については、旧法にもいくつかの規律が存在したが、法改正により新たな規律も複数導入された。契約書作成等に当たって特に留意が必要な改正項目は、㋐極度額の定めのない個人根保証を無効とする規律の拡張、㋑個人根

[4] 新法第466条の２第１項は、譲渡制限特約付債権が譲渡されたことを新たな供託原因としているため、譲渡制限特約そのものは、引き続き意味のある条項といえる。

[5] 個人根保証に関する規律と経過規定との関係については、一問一答383頁以下、Q＆A保証実務169頁以下参照。なお、保証契約との関係で検討を要する場合は少ないと思われるが、新法施行日後に、同日前に締結された契約の期間延長の合意をした場合にも新法が適用されるとの指摘もなされている（重要論点13頁〔青山大樹執筆〕）。

保証契約にかかる元本確定事由の整理、㋒主たる債務者の情報提供義務と保証人の取消権、㋓連帯保証人に対する履行請求の相対化である。

そこで、以下、各改正項目について概観する。

ア　極度額の定めのない個人根保証を無効とする規律の拡張

旧法では、根保証契約のうち、主たる債務の範囲に貸金等債務（金銭の貸渡又は手形の割引を受けることによって負担する債務）を含み、かつ、保証人が個人である「貸金等根保証契約」について、書面による極度額の定めがなければ無効であると定められているが（旧法第465条の２）、新法では、かかる規律が、貸金等根保証契約のみならず、全ての個人根保証契約に拡張されることとなった。したがって、新法下では、書面による極度額の定めのない個人根保証契約は、一律無効とされることになった。かかる定めは強行規定であり、特約で排除することもできないものである。

イ　個人根保証契約にかかる元本確定事由の整理

旧法第465条の４各号は、貸金等根保証契約に係る元本確定事由を定めていたが、新法第465条の４各号では、全ての個人根保証契約にかかる元本確定事由が次表のとおり整理されている。なお、個人根保証契約に係る元本確定事由が生じても元本が確定しないとの特約は、保証人保護のために元本確定事由を法定した趣旨に反するため、無効であると解されている[6]。

---

6 Ｑ＆Ａ保証実務88頁。なお、法定の元本確定事由のほかに、別途元本確定事由を特約で設けることは妨げられない（Ｑ＆Ａ保証実務86頁。）。

7 事業のために負担した貸金等債務を主たる債務とする保証契約等について、保証契約締結日の前１か月以内に作成された公正証書によって保証人となるものが保証債務を履

元本確定事由	旧　法		新　法	
	貸金等根保証契約	個人根保証契約一般	貸金等根保証契約	個人根保証契約一般
債権者による主債務者に対する強制執行申立て等	○	－	○	－
債権者による保証人に対する強制執行申立て等	○	－	○	○
主債務者の破産手続開始	○	－	○	－
保証人の破産手続開始	○	－	○	○
主債務者又は保証人の死亡	○	－	○	○

ウ　主たる債務者の情報提供義務と保証人の取消権

さらに、主債務の全部又は一部が事業のために負担する債務である債務の保証を委託する場合には[7]、主債務者は委託を受け保証人となろうとする者に対して、新法第465条の10第１項各号に掲げる情報を提供する義務を負う旨の規定が新設され、当該情報提供義務違反（事実と異なる情報の提供を含む。）があり、債権者が当該義務違反につき悪意有過失であれば保証人は保証契約を取り消すことができるとされた（同条２項）。

エ　連帯保証人に対する履行請求の相対化

連帯債務者の１人に生じた事由が他の連帯債務者との間で絶対的効力を有するか、相対的効力を有するにとどまるかという点に関する規律は、旧法と同様、連帯保証にも準用される（新法第458条）。

行する意思を表示していなければ、保証契約の効力が生じないとされたことも（新法第465条の６第１項、第465条の８第１項。なお、これらの規定の適用除外については、新法第465条の９。）、今般の改正における重要な変更点であるため、契約締結の際には留意が必要である。

この点、新法においては、連帯債務者の一人に対する履行請求は原則として他の連帯債務者に及ばないこととされたため（新法第441条)、連帯保証人に対する履行請求の効力は主債務者に及ばないこととなった（すなわち、連帯保証人に対する履行請求は相対効を有するにとどまる規律に改正されている。)。

その結果、旧法下においては、連帯保証人に対する履行請求により、主債務者との関係においても時効中断効が認められたが、新法下においてはこのような効果は、原則として認められないこととなった。ただし、債権者と主債務者との合意によって、連帯保証人に対する履行の請求の効力を絶対効とすることも可能とされているため（同条但書)、新法施行前と同様の債権管理を実現する観点から、保証に関する条項を作成等する時には、この点にも留意する必要があろう。

（２）個人根保証契約に関する実務対応

個人根保証契約一般に極度額の定めが必要となったことから（新法第465条の２第２項)、今後締結する保証契約書等において、極度額を明確に定めておくことが必要となることは言うまでもない。繰り返しになるが、この定めは強行規定であるから、特約により排除することもできない。

問題は、施行日前に極度額の定めのない根保証契約が締結されており、基本契約等の更新に合わせて根保証契約も更新され

8 保証契約に「更新」を観念することができるかについては疑義なしとしないが、立案担当者は、保証契約の更新可能性を認めている（Q＆A保証実務169頁)。なお、紙幅の都合上、契約の更新の法的性質について詳述することはしないが、この点について詳細に検討するものとして、中田裕康「契約における更新」平井宜雄先生古稀記念論文集『民法学における法と政策』（有斐閣・2007年）311頁以下参照。

る[8]、あるいはそのように読める契約書の場合である[9]。

この点につき、主債務の発生原因たる契約が賃貸借契約であった事例において、最判平９・11・13集民186号105頁は、賃貸借契約に基づく債務を主債務として保証契約を締結した場合には、反対の趣旨をうかがわせる特段の事情のない限り、更新後の賃貸借契約から生ずる賃借人の債務についても保証する趣旨で保証契約をしたものと解すべきであると判示している。したがって、このような保証契約であれば、締結時が施行日前であっても、保証契約自体が更新されるものではなく、さらに、当初の保証契約に、更新後も含めた賃貸借契約に基づき生じる債務がすべて含まれると解されるため、当該保証契約に極度額の定めがなくとも、特段の問題は生じないと考えられている[10]。

ただし、上記最判は、その理由として、①建物の賃貸借が一時使用の場合を除き期間の定めの有無にかかわらず長期間にわたる存続が予定された継続的な契約関係であること、②期間の定めがある場合においても正当事由がない限り更新を拒絶できず、賃借人が望む限り更新により賃貸借関係を継続するのが通常であって、保証人もそれを当然予測できること、③主債務が定期的かつ金額の確定した賃料債務を中心とするため、保証人

9 なお、今般の債権法改正によって導入される個人根保証契約に関する規律を免れる目的で、保証人となるべき者に主債務者となるべき者の債務を債務引受（重畳的債務引受）させるという方法も考えられなくはないが（これ自体は明文で禁止されていない。）、個人根保証契約に関する規律を潜脱する目的であると認められれば、事実認定の問題として当該債務引受契約が保証契約であると処理される可能性や、個人根保証契約に関する規律を類推適用すべきという見解もある（このような指摘として、たとえば、東京弁護士会法制委員会民事部会編『債権法改正 事例にみる契約ルールの改正ポイント』（新日本法規・2017年）101頁があり、この点については、立案担当者も同様の見解であると思われる（第192回衆議院法務委員会議事録第15号10項〔小川政府参考人発言〕）。）。

10 一問一答384頁参照。

の予期しない責任が一挙に発生することはないのが通常であることを挙げており、継続的契約一般に本判決の射程が及ぶとまでの評価は困難であるように思われる[11]。

自動更新条項の適用によって、保証契約も更新されるものと解し得る契約書については（たとえば、取引基本契約書の中に、連帯保証に関する条項も一体的に規定され、更新の対象となるように読める契約書を典型とし、主債務の発生原因である継続的契約について、いわゆる自動更新条項が設けられており、継続的契約の更新とともに当該個人根保証契約も更新されると解され得る契約書を想定されたい。）、初回の更新時に、当該根保証契約に極度額の定めがないことをもって無効となること等を防ぐため、極度額等に関する契約内容の変更も含めた対応を検討する必要があろう。

加えて、事業のために負担する債務を主債務とする個人根保証契約が更新される場合には、当該更新の度に、主債務者は、保証人に対して新法第465条の10第１項に基づく情報提供をする必要がある[12]。契約書の作成等に当たっては、更新の度に主債務者が保証人に対して情報提供義務を履行しているかを管理

---

11 この点に関し、山野目章夫ほか「債権法改正元年を迎えて（上）―不動産取引の論点を中心に」NBL1161号９頁参照。また、この点に関し、中井康之「改正民法（債権法）の経過措置に関する諸問題（下）」ジュリスト1541号74頁は、「取引基本契約に基づく取引債務を経営に関与しない第三者が保証する場合は、賃貸借保証の場合とは異なり、契約当事者の合理的意思としては、基本契約に定められた期間内に発生する取引債務を保証したものであると考えられる」とし、他方で、いわゆる経営者保証については、「経営者という地位に基づき将来発生する取引債務を保証している場合、経営者の合理的意思として、取引基本契約の期間が更新されても、引き続き将来発生する取引債務を保証する意思があると認められるから、施行日前に締結された取引保証契約は、極度額の定めがなくても、更新された取引基本契約に基づく債務について保証責任は免れないように思われる」とした上で、取引基本契約の期間更新時に当該経営者が退任している場合には別論であるとする。

する債権者側の事務的煩瑣を回避するため、当該根保証契約（あるいは連帯保証を定める当該条項）が更新の対象とならない旨規定しておくことも検討に値しよう。なお、このような対応を講ずる場合には、主債務の範囲に更新後の基本契約等に基づく債務の一切が含まれることを併せて明記しておくことが望ましいであろう。

（３）保証人に対する情報提供義務に関する実務対応

今般の法改正において、主債務が事業のために負担する債務である場合において（ここでの主債務は「貸金等債務」に限定されない。）、債権者が、保証契約を締結する際に主債務者が情報提供義務[13]を適切に履行しなかったことにつき債権者が悪意有過失の場合には[14]、保証人は当該根保証契約を取り消すことができるものとされた（新法第465条の10第２項）。この改正を受け、今後締結する根保証契約については、当該根保証契約を取り消される懸念を払拭するための手当てをする必要があろう。

この点、保証人の取消権を定める新法第465条の10第２項は、主たる債務者が保証人にいかなる情報を提供したのか（あるいは、情報提供をしなかったのか）を保証人に対して照会したり、調査したりする義務を債権者に課すものではないと解されては

12 この点につき、Ｑ＆Ａ保証実務75頁参照。なお、一般に、連帯保証に関する条項が一体的に規定されている場合には、保証の委託があったものと理解されよう。

13 なお、ここで保証人が提供する必要がある情報は保証契約締結時点の情報である（Ｑ＆Ａ保証実務58頁。）。

14 債権者の悪意有過失の立証責任は保証人が負担する（この点につき、潮見・新債権総論Ⅱ782頁。）。

いるが[15]、債権者が主債務者から、保証人に対して提供した情報の内容が真実かつ正確であり、過不足もない旨の表明保証を受けていたとしても、この事実から直ちに債権者の無過失が導かれるわけではないとも解されている[16]。

したがって、保証契約締結の際には、単なる表明保証の条項に留まらず、保証人からも情報提供義務が履行がされたことの確認書を徴求する、あるいは保証契約書において情報提供義務の履行確認の条項を設ける、予め新法第465条の10で求められる項目を記載した書面あるいはチェックシートのようなものを作成しておき、保証人から当該情報提供を受けた旨を確認したとの文言を記載した書面に署名・押印させて取得する、といった手当てが考えられる[17]。ただし、提供の対象となる情報に、主たる債務者の「財産及び収支の状況」が含まれているため（新法第465条の10第１項第１号)、たとえば、主たる債務者が、その作成する貸借対照表や損益計算書に関していわゆる粉飾決算を行っており、債権者たる金融機関等がそのことに気づき得る状況があれば、いかに契約書や確認書で手当てをしたとしても、保証人からの取消しの主張を免れることはできないことに留意が必要である。

---

15 潮見・新債権総論Ⅱ781頁・脚注354）参照。これに対し、（法的な義務として言及しているかは定かでないものの）講義200頁〔沖野眞已執筆〕は、債権者としては調査・確認義務があるとし、とりわけ金融機関においては留意が必要であろうと指摘している。

16 潮見・新債権総論Ⅱ782頁・脚注356)、部会第86回議事録〔笹井関係官発言〕参照。なお、立案担当者は、「保証人に主債務者は情報提供義務を適切に履行した（新法第465条の10第１項に規定する義務を履行した）ことまで表明保証させることは、情報提供義務の懈怠のリスクを保証人に負担させようとするものであり、契約締結時の情報提供義務を定めた法の趣旨からしても適切でない」と指摘していることも踏まえれば（Q＆A保証実務74頁)、新法下における実務や判例の蓄積を俟たずに、（規定ぶりが詳細であるとしても）表明保証条項を契約書に盛り込むことのみから債権者として万全の対応であると考えてよいか、慎重な検討が必要と思われる。

４．債権譲渡制限特約に関する留意点

（１）債権譲渡制限特約に関する債権法改正の概要

今般の債権法改正において、債権譲渡に関する規定が大幅に変更されたが[18]、従来の判例法理を明文化したにとどまる部分や、依然として解釈に委ねられる部分も多い。

この点、債権譲渡制限特約との関係では、特に、旧法下における通説が債権譲渡禁止特約には当該債権の移転を否定するいわゆる物権的効力があると解していたところ[19]、新法においては、「当事者が債権の譲渡を禁止し、又は制限する旨の意思表示をしたときであっても、債権の譲渡は、その効力を妨げられない」（新法第466条第２項）として、いわゆる物権的効力説を採用しないこととされた点（但し、預貯金債権は除かれる。新法第466条の５第１項）が重要である。

この改正の主眼は、旧法下において、譲渡禁止特約が物権的効力を有すると解されていることが中小企業等の債権譲渡（担保）による資金調達の妨げとなっているとの指摘がなされていたことに鑑みて、旧法の規定を見直す点にあるが、債務者側からみれば、債権者固定の利益の確保が困難になることを意味す

17 名藤朝気ほか「保証に関する民法改正と金融機関の実務対応」金法2019号52頁等参照。なお、契約の窓口となる担当者用にマニュアルを作成し、根保証契約締結の際の主債務者による情報提供に立ち会うという対応方法も考えられるが、事業の規模や契約書の数等によっては、そのような対処をすることが現実的ではない場合も少なくないと思われる。

18 今般の債権法改正における債権譲渡に係る主要な改正内容は、大要、①債権譲渡制限特約に違反する債権譲渡が有効とされた点、②「異議をとどめない承諾」が廃止された点、③将来債権譲渡に関する規律の明文化、④債権の譲受人に対する抗弁事由としての相殺権の拡張の４点である。

19 我妻栄『新訂債権総論（民法講義IV）』（岩波書店・1964年）524頁等。

るため、債務者側で契約書作成等をする場合には、どのようにして債権者固定の利益を実現するか検討が必要になる場合があり得よう。

（2）契約書作成等における実務対応

まず、債権譲渡制限特約付債権の譲渡は、それ自体で同特約違反であるので、債権譲渡制限特約付債権が譲渡された場合には、同特約違反（債務不履行）を理由として契約を解除するという対応が考えられる。

しかし、供託制度の導入（新法第466条の２）により、見知らぬ第三者への弁済を強いられるという事態は十分に防止されていることから、新法の下では、譲渡制限特約付債権が譲渡されたとしても、特段の事情のない限り、譲渡制限特約違反とはならないと解されている[20]。かかる見解を前提とすれば、譲渡制限特約付債権の譲渡は原則として債務不履行を構成せず、ひいては債務不履行を理由とする解除も認められないという帰結になるものと思われる。

20 一問一答165頁・脚注１）。

21 債権譲渡制限特約違反を理由とする債務不履行に基づく損害賠償請求については、損害を具体的に観念し難く、譲渡人は責任を負わないとする指摘があり（第192回衆議院法務委員会議事録第12号４頁〔小川政府参考人発言〕）、特段の不利益がないにもかかわらず、債権譲渡を行ったことをもって契約解除や取引の打ち切りを行うことについても、これが権利濫用に該当し得ることが指摘されている（一問一答165頁、第192回衆議院法務委員会議事録第12号４頁〔小川政府参考人発言〕）。また、山野目章夫ほか「＜座談会＞債権法改正元年を迎えて（下）―不動産取引の論点を中心に」NBL1162号27頁〔山野目発言〕は、新法第466条には、「債務者の不利益が深刻でないにもかかわらず債権譲渡を牽制する効果を持つ債権関係当事者の合意を認めないとする強行的な趣旨を含むと解すべき」とするほか、三枝健治「債権譲渡制限特約」法教473号80頁も、約定解除権を定める規定がいわゆる不当条項として無効となるとする。

そこで、当該契約書に譲渡制限特約とともに、同特約違反を約定解除の原因とする条項及び同特約違反を原因とする違約金条項を設けるという対応が考えられる。

この点については、上記見解を前提とすれば、そもそも同特約違反が債務不履行を構成しない以上、約定解除条項や違約金条項を設けたとしても、かかる条項の有効性については疑義なしとしない[21]。ただ、法制審議会における審議の過程において、これらの特約が有効であるとの指摘もなされているところであり[22]、少なくとも現時点（本書発刊時点）での議論状況に照らせば有効と解される余地もある以上、このような定めは、少なくとも債権譲渡に対する事実上の抑止力にはなり得るものと思われる。

５．債務不履行解除に関する留意点

（１）債務不履行解除に関する債権法改正の概要

債務不履行解除に関しても、新法により、複数のデフォルトルールが変更されている。契約書作成等に当たって特に留意が必要な改正項目は、㋐債務不履行解除の要件の整理、㋑無催告解除ができる場面の拡張である。

そこで、以下、各改正項目について概観する。

ア　債務不履行解除の要件の整理

旧法における債務不履行解除には、債務者の帰責性が必要

---

22 部会第83回議事録31頁〔内田貴発言〕。

23 旧法第543条但書は、債務者の帰責性を履行不能に基づく解除の要件としており、これが旧法第541条においても妥当すると解されていたが、この債務者の帰責性という要件が新法第541条及び第542条に規定されていないことから、新法における債務不履行に基づく法定解除権の要件として債務者の帰責性は不要とされたと説明される（この点につき、一問一答234頁、詳解169頁〔渡辺達徳執筆〕等参照）。

であると解されているが、新法においては、債務不履行解除の要件として債務者の帰責性は不要であるとされ[23]、債権者に帰責性がある場合に限って契約を解除できないという規律に改められた（新法第541条乃至第543条）。

また、催告解除に関する新法第541条但書において、催告期間経過時における不履行が[24]、当該契約及び取引社会通念に照らして軽微であることが、解除権発生の障害事由とされた。すなわち、催告解除が認められる範囲は、軽微でない契約違反に限定されることが明文化されたのである。

イ　無催告解除ができる場面の拡張

新法は旧法に比して、無催告解除が認められる場合を拡張している。すなわち、旧法では、第542条（定期行為に関する解除）及び第543条（履行不能に基づく解除）において無催告解除ができる場面を規定していたにとどまるが、新法はさらに、「債務者がその債務の全部の履行を拒絶する意思を明確に表示したとき」（新法第542条第１項第２号）及び「債務の一部の履行が不能である場合又は債務者がその債務の一部の履行を拒絶する意思を明確に表示した場合において、残存する部分のみでは契約をした目的を達することができないとき」(同項第３号)を付加した上で、いわばバスケットクローズ（同項第５号）を設けている。

また、上記に加え、一部の履行不能又は一部の履行拒絶を理由として、契約の一部の無催告解除権を定める規定（新法第542条第２項）も新設されている。

24 契約違反の重大性は催告の要件となってはいない点に注意を要する。

（2）契約書作成等におけるポイント

債務不履行解除に関しては、変更されたデフォルトルールを踏まえて、旧法下で作成された解除条項が、当事者の立場も踏まえて適切なものとなっているかを再確認することが重要となる。

たとえば、新法下において法定解除権の行使が問題になる場合、事案によっては解除権発生の障害事由である債権者の帰責性の有無が問題とされることが想定されるので、一定の事由がある場合には、債権者に帰責性があるとしても契約を解除できる旨の規定を設けることも検討に値するように思われる。他方で、旧法の規律との整合性を意識し、「債務者に過失がある場合に限り、本契約を解除することができる」といった条項を設けている場合には、新法下における、デフォルトルールよりも解除の要件を加重するものと理解される可能性があるため、注意が必要である。

また、解除権発生の障害事由たる債務不履行の軽微性に関し、何をもって「軽微」と判断するか、その判断基準を契約書に明記することも、紛争予防の観点から検討に値するであろう。

上記のほかに、目的物の滅失等により一方の債務が履行不能になっている場合で、当該履行不能につき、契約当事者双方に帰責性がある場合の解除の可否についてはこの場合のデフォルトルールの内容は現時点で必ずしも明確ではないので[25]、契約

---

25 潮見・新債権総論Ⅰ590頁以下は、当事者双方に帰責事由がある場合については、債権者側の事由が優越的であった場合には、その不履行が「債権者の責めに帰すべき事由」によるものであると評価されて、債権者は新法第543条により解除権を喪失するとするが、仮にこのように理解するとしても何をもって「優越的」と判断するのか必ずしも明らかでなく紛争解決の明確な指標とまでは言い難いように思われる。

書の中で予め規定しておく方が紛争予防の観点から望ましいであろう。

6．履行補助者責任に関する留意点

今般の債権法改正において、注目されることの少ない議論であるが、履行補助者責任についても、旧法下で通説とされてきた議論が妥当しなくなるとの指摘がなされている。

すなわち、旧法下における通説的見解は、債務不履行責任を基礎づける債務者の帰責事由とは「債務者の故意過失又は信義則上これと同視すべき事由」であると解した上で、「信義則上これと同視すべき事由」の典型が履行補助者の故意過失であるとし、①真の意味での履行補助者を使用する場合、②法律又は特約で禁じられているのに履行代行者を用いる場合、③履行代行者の使用が許されている場合等に類型化し、当該類型に応じて、履行補助者又は履行代行者の故意過失が債務者の帰責事由に該当するかを判断してきた[26]。

しかし、今般の債権法改正において、伝統的通説が履行補助者等の過失に関する債務者の責任を論ずる上で参考としていた規定である旧法第105条が今般の債権法改正で削除されたほか、債務不履行に基づく損害賠償請求権が過失責任に基づくものとは解されなくなったこと等から、従来の履行補助者の故意・過失に関する議論は新法下では無用となるとの指摘がなされている[27]。

---

26 中田・債権総論139頁以下、潮見佳男『プラクティス民法債権総論〔第４版〕』（信山社・2012年）116頁以下等参照。なお、周知のとおり、大判昭４・３・30民集８巻363頁をはじめとする判例と通説は必ずしも整合せず、判例の方が、債務者への帰責範囲が広いものとされている。

27 ポイント118頁〔加毛明執筆〕、Before/After114頁以下〔潮見佳男執筆〕参照。なお、より詳細なものとして、潮見佳男「債権法改正と『債務不履行の帰責事由』」法曹時報68巻３号26頁以下参照。

その結果、履行補助者等の行為を理由とする債務者の損害賠償責任の問題は、「契約その他の債務の発生原因及び取引上の社会通念に照らして債務者の責めに帰することができない事由」（新法第415条第１項但書）の有無という問題の中に解消され、当該契約の目的や趣旨を考慮した上で、当該補助者等の行為につき債務者が免責されるか否かを事案ごとに検討することになるものと思われる。

以上の議論状況を踏まえると、結論において、旧法下における議論と大差はないと考えられるものの、当該取引において類型的に想定される履行補助者又は履行代行者が存在する場合には、契約書において予め当該履行補助者等の利用条件や、その過失に基づく損害の負担について定めておくことで、法律関係の明確化を図ることも、実務的には検討に値しよう。

第２章　売買基本契約

１．はじめに

本章では、実務的に幅広く用いられている売買基本契約（「取引基本契約」と呼称されることも多いが、本書では同じ概念として用いている。）に関し、関連する経過規定や改正項目を概説しつつ、契約書作成等に当たってどのような点に留意すればいいのか、第１章において述べた改正項目も踏まえてそのポイントを解説し、参考として、旧法を前提に作成された売買基本契約について、新法を踏まえた修正例を示すこととする。

２．経過規定の適用―基本契約と個別契約―

前章においては、債権譲渡及び個人根保証契約に関する経過規定について確認したが、本章で売買基本契約について検討するにあたっても経過規定の適用に留意して契約書を作成する必要がある。

既に述べたとおり、原則として、契約締結時点が新法施行日の前か後かによって新法の適用の有無が決まるが、施行日前に基本契約が締結され、当該基本契約に基づいて施行日後に個別契約が締結される場合において、基本契約及び個別契約は、旧法又は新法のいずれの規律に服するのかが問題となる。

かかる問題については、明文の規定はなく、立案担当者の見解も示されていないところであり、事案ごとの契約解釈の問題に帰着するように思われる。契約解釈に当たっては、当該契約の基本的な要素を基本契約で定めているのか、個別契約で定めているのかが一つの指標となると考えられ、売買契約を例にとれば、基本的な要素である目的物や代金額が個別契約によって初めて特定されるような事案では、当該目的物の売買契約は個別契約の締結によってはじめて成立したと解釈するのが自然であり、当該売買契約は新法の規律に服することになろう。また、基本契約自体の締結が施行日前に行われていた場合であっても、施行日後に成立した個別契約の内容を補充する限りにおいては、基本契約にも新法が適用されるとの指摘がなされている一方、上記の場合と異なり、主要な契約内容が基本契約において合意され、個別契約では細目的事項（納品場所や納期等）が合意されるにすぎない場合には、基本契約の締結日が適用される法律を区分する基準となる場合もあり得るとされている[1]。

実務的には、契約解釈の一つの指針として、当事者の意思を明確にすべく、個別契約に旧法と新法のいずれが適用されるか明記することも検討に値するといえよう。

３．目的規定の重要性

売買基本契約書においては、詳細な目的規定が設けられる例はそう多くなく、場合によっては目的規定のない売買基本契約書も見受けられる。

もっとも、今般の債権法改正により、債務者の帰責事由の有無、債務不履行解除における軽微性、契約不適合性の判断等に当たり、契約の目的が考慮されることが明確になったため、旧法に比して、契約の目的が有する意義は増したといえる。

したがって、後日の紛争を予防し、ひいては自身に有利な結論を導くためにも、売買基本契約書の作成等に際して、目的規定の内容等について検討することは非常に重要である。

1 この点について、重要論点12頁〔青山大樹執筆〕、15頁以下〔鎌田薫執筆〕参照。

契約の目的を考慮要素に取り込んだ新法の具体的規定をみるに、まず新法第400条は、旧法第400条が「善良な管理者の注意」をもって、その物を保存しなければならないと定めていたところを、「契約その他の債権の発生原因及び取引上の社会通念に照らして定まる善良な管理者の注意」と改めている。ここにいう「契約その他の債権の発生原因及び取引上の社会通念に照らして」とは、当該契約の性質、契約の目的、契約締結に至る経緯その他の取引を取り巻く客観的事情をも考慮して定まることがあることを意味しているとされ[2]、目的物引渡しまでの保存義務の内容・程度が、契約の目的を考慮して定められることが明確化されている。この規定に関しては、特に保存義務違反を問擬すべき買主側として、売主に課すべき保存義務の内容・程度が契約書の目的規定から素直に導けるか否かという点を意識しておく必要があろう。

また、新法第415条は、債務者の帰責性に関する旧法第415条の規定に「契約その他の債務の発生原因及び取引上の社会通念に照らして」という語句を付すことによって、債務不履行責任の免責について、必ずしも当該契約の内容と連関のない故意・過失の有無によって判断する伝統的通説から、当該契約におけるリスク分担及び取引上の社会通念を考慮して判断するとの考え方に転換したものと説明される[3]。この点について、債務不履行責任の免責事由について実務が大きく変容するとは思われないという指摘もあるが、契約の目的が考慮されること自体は否定し難いので、

---

2 潮見・概要54頁以下。なお、潮見佳男教授は、「契約その他の債権の発生原因」から契約内容を導出できたときに、「取引上の社会通念」で上書きされることはないとしているが、大村敦志「民法（債権法）改正の『契約・契約法』観」民商法雑誌153巻１号67頁以下は、「契約その他の債権の発生原因」と「取引上の社会通念」の関係については、いくつかの解釈があり得る旨指摘している。

3 この点について、中田・契約法216頁。

4 一問一答275頁。

目的規定を定めておくことは、後の債務不履行発生時における交渉力を左右するという意味でも、重要であると思われる。

もちろん、旧法下において、善管注意義務の内容や債務不履行責任の要件としての債務者の帰責性との関係で契約の目的が考慮されてこなかったものではないが、今般の改正によって、契約の目的や締結の経緯等がより一層考慮される傾向となる可能性も否定できず、また、新法に明確な規定が定められることにより、目的規定が平時の交渉力を左右する程度がより大きくなることも必定であるため、重要な契約に関しては特に、漠然とした目的規定とせず、具体的に契約の目的を規定し、必要に応じて契約締結の経緯も規定することを検討すべきといえよう。

４．契約不適合責任に関する規定

（１）契約不適合責任に関する債権法改正の概要

旧法下における瑕疵担保責任に関する規律が見直され、売主の担保責任は「契約不適合責任」として債務不履行責任に関する規律に一元化された。具体的には、特定物売買であるか不特定物売買であるかを問わず、売主は種類、品質及び数量に関して契約の内容に適合した目的物を引き渡す債務を負うとされ、引き渡された目的物が種類、品質又は数量に関して契約の内容に適合しない場合には、その不適合が「隠れた」ものであるか否かを問わず、買主は、救済手段として、①当該目的物の修補や代替物の引渡し等の履行の追完の請求（新法第562条第１項本文)、②代金減額請求（新法第563条第１項・第２項)、③損害賠償請求（新法第564条、第415条)、④解除（新法第564条、第541条、第542条）が可能となる[4]。

いずれも契約書作成等に当たり重要な改正項目であるため、以下、順に概説することとする。

ア　「瑕疵」から「契約不適合」へ

「瑕疵」概念が、「契約の内容に適応しない」＝「契約不適合」へ改められた点については、その文言の変更から、大きな変更であるように捉えられがちであるが、この改正自体は、従前の瑕疵概念を変更するものではないと解されている。旧法下においても、例えば、最判平22・6・1民集64巻4号953頁は「売買契約の当事者間において目的物がどのような品質・性能を有することが予定されていたかについては、売買契約締結当時の取引観念をしんしゃくして判断すべき」とし、ここでは、いわゆる主観的瑕疵概念（瑕疵＝契約内容に照らして導かれる「あるべき」性質からの乖離とする概念[5]）が採用されていると解されており、「契約不適合」も、「瑕疵」の実質的な意義と異なるところではない[6]と解されている[7]。むしろ、かかる法改正により、特定物売買であるか不特定物売買であるかを問わず、売主が種類、品質、及び数量に関して契約の内容に適合した目的物を引き渡す債務を負うこと（すなわち、いわゆる特定物ドグマが否定されたこと）

---

5 潮見・債権各論Ｉ89頁。

6 もっとも、「数量」に関しては旧法上の数量指示売買（旧法第565条）の場合、すなわち、当事者において目的物の実際に有する数量を確保するため、その一定の面積、容積、重量、員数又は尺度あることを売主が契約において表示し、かつ、この数量を基礎として代金額が定められた売買（最判昭43・8・20民集22巻8号1692頁）に限らず、単純に一定の数量の目的物を引き渡す旨の合意がなされた場合において、売買契約に適合しない数量しか引き渡さなかったときにも契約不適合責任が認められるとされている（この点につき、一問一答275頁。）。もっとも、潮見・債権各論Ｉ92頁は、売買の目的物に数量不足があったすべての場合に数量に関する契約不適合があったとされるわけではないとしており、単に「数量」とだけ規定すると解釈上の疑義が残り得るので、契約書においてもより具体的な規律を設けるのが望ましいといえる。なお、中田・契約法317頁も、いかなる場合に売主が買主に対して「目的物の実際に有する数量を確保」する義務を負っていたかは、契約解釈によって定まるとしている。

が明確化されたことの方が、実務への影響という観点から見れば、より重要であるように思われる。

なお、旧法上、いわゆる法定責任説を前提に、瑕疵担保責任に基づく損害賠償の範囲は信頼利益に限られるかという問題があったが、新法によって、契約不適合責任の法的性質が債務不履行責任であることが明確化されたため、損害賠償の範囲に履行利益も含まれることとなり、売主の責任が加重されうる点についても注意が必要である[8]。

イ　瑕疵担保責任の成立要件としての「隠れた」の削除

買主が、旧法の瑕疵担保責任を追及するには、瑕疵が「隠れた」もの、すなわち買主が瑕疵について善意無過失であることが必要であったが、今般の法改正においては、この「隠れた」の要件が削除された。買主がある目的物の不具合を認識していた場合には、当該不具合は契約上予定された目的物の性質と評価でき、不具合のある目的物でも契約内容には適合しており、契約不適合責任は生じない（改正前後で帰結は変わらない）とも解し得るが、買主が、当該不具合を認識し

---

7 立案担当者は、『新法では、「契約の内容に適合しない」との用語を用いて、端的に「瑕疵」の具体的な意味内容を表すこととしている』と説明している（一問一答275頁）。この点、住宅の品質確保の促進等に関する法律は、同法第２条第５号において、「この法律において『瑕疵』とは、種類又は品質に関して契約の内容に適合しない状態をいう。」と定義しており、この条文は今回の債権法改正後にも維持される（この点につき、潮見・概要260頁も参照。）。このように、適用される他の法令において「瑕疵」という用語が維持される場合には、契約書上も「瑕疵」という用語を維持し続けるという判断も十分あり得よう。

8 この点につき、一問一答280頁。また、詳説445頁〔大澤加奈子執筆〕は、旧法下における下級審裁判例においても、実際には履行利益と同様の賠償責任を売主に認める結論を導くものもあるとして、履行利益か信頼利益かという講学上の概念の違いで個別具体的な事案の結論が異なるとまではいえないとする。

ていないものの、認識していないことに過失があった場合には、当該不具合の存在が契約上予定されているとまではいえず、契約不適合責任を生ぜしめる（改正前後で帰結が異なる）こととなり得るため、注意が必要である[9]。

ウ　追完請求権の明文化

新法は、契約不適合の場面における救済手段として、旧法と同様の解除権、損害賠償請求権に加え、追完請求権を明文で認めた[10]。

この追完請求については、第一次的には買主が追完方法を選択できることとされているが[11]、買主に不相当な負担を課するものでないときは、売主が、買主が選択した方法とは異なる方法で追完することも許容されている（新法第562条第1項）。

また、明文の規定はないが、不完全な履行がなされたものの、追完が不能である場合には、追完請求権が否定されるも

9 重要論点280頁〔村上祐亮執筆〕参照。

10 この点、紙幅の都合上、詳述することは避けるが、追完請求権の法的性質については、必ずしも見解の一致を見ないところである。大きく分類すれば、履行請求権が具体化したものに過ぎないとする見解と債務不履行責任の一環であるとする見解とが存在し、通説及び立案担当者の見解は（論者の間で若干の差異はあり得るとしても）前者であると思われる。なお、追完請求権の法的性質に関する議論状況や法制審議会における審議の経過等を整理するものとして、潮見・新債権総論Ⅰ328頁以下、潮見佳男「追完請求権に関する法制製審議会民法（債権関係）部会審議の回顧」星野英一先生追悼記念『日本民法学の新たな時代』（有斐閣・2015年）671頁以下参照。

11 買主は追完方法を選択して履行の追完請求をする必要まではなく、何らかの方法で追完をするよう請求することも可能であるとされている（この点につき、一問一答277頁、潮見・新債権総論Ⅰ335頁・脚注129）参照。）。

12 追完請求権の法的性質が履行請求権であると解する場合には、新法412条の2第1項が適用される結果と解することとなり、履行請求権とは異質の権利であると解する場合には、不文の規律として理解することとなろう（この点につき、潮見・新債権総論Ⅰ336頁）。なお、追完が不能の場合に追完請求権が発生しないこと自体については、異論はないものと思われる。

のと解される[12]。このこと自体は当然のことのようにも思われるが、いかなる場合に追完不能と解されるかは、実務上問題となり得る部分である。この点について、履行不能の判断基準と同様、物理的な不能に限らず、契約の趣旨等も考慮して追完不能か否かが判断されるとの指摘があり、この指摘を踏まえれば、例えば、追完に過分の費用を要するときなどには、規範的にみて追完不能であると解されることとなろう[13]。さらに、追完に要する費用の多寡のみならず、追完について債権者（買主）の協力が必要となる場合の負担の度合い[14]等も、追完不能か否かに当たっての判断要素となると思われ、実務的に追完不能の判断には困難が伴うことが予想される。

エ　代金減額請求権の明文化

買主が相当の期間を定めて追完の催告をし、当該期間内に追完がないときの救済手段として、新法は、旧法に規定のない代金減額請求権を明文化した（新法第563条第１項）[15]。契約書作成等との関係では、代金減額請求が明文化された点は

---

13 一問一答341頁・脚注１）は、請負人の契約不適合責任に関する文脈ではあるが、「新法の下では、過分の費用を要するときは、修補は取引上の社会通念に照らして不能であると扱われ、履行不能に関する一般的な規定（新法第412条の２第１項）によって、請負人は修補を請求することができなくなる」とする。また、山野目章夫「民法の債権関係の規定の見直しにおける売買契約の規律の構想」法曹時報68巻１号７頁は、「修補に過分の費用を要し、追完の履行が契約及び取引上の社会通念に照らし不能であるときは、追完請求権の限界事由があるものとして、売主は追完義務を負わない」とする。この点については、山野目教授の指摘するとおり、過分の費用を要することは、追完不能を基礎づける一事情にとどまると解するべきであるように思われる。

14 例えば、工場に設置する大型機材の売買契約について、買主自らが工場に当該機材を搬入して固定した後に契約不適合が発覚したが、取り換えるには当該機材を取り外すための大掛かりな工事が必要である場合等が考えられる（この点につき、潮見佳男『新債権総論Ⅰ』336頁以下参照。）。

15 なお、一定の場合には、無催告での代金減額請求も可能とされている（新法第563条第２項）。

もとより、デフォルトルールとしての代金減額請求の要件として、事前の追完の催告と相当期間の経過が必要となる点にも留意が必要である（なお、売主の帰責性は不要である。)。

なお、デフォルトルールとしての代金減額請求権の法的性質は、契約の一部解除またはそれに類似するものであると解されており、代金減額請求権の行使後はこれと両立しない損害賠償請求権[16]や解除権の行使は認められないと解されているので[17]、実務上はこの点にも留意が必要であろう。

また、代金減額請求権については、減額される金額の算定方法や価額を比較する基準時[18]について明文の規定がなく、解釈の余地が残されている。

オ　損害賠償請求における帰責性

既に述べたとおり、新法で明文化された追完請求権、代金減額請求権のほかに、損害賠償請求又は解除権の行使も可能とされている。解除権の行使について債務者の帰責性が不要である点は、契約不適合責任の法的性質が債務不履行責任と解されることから、債務不履行解除との関係で既に述べたところであるが、他方で、損害賠償請求権については債務者の

16 債権法改正と実務上の課題307頁〔山野目発言〕参照。

17 一問一答279頁。なお、代金減額請求権の法的性質につき、立案担当者は、明確に「一部解除そのものではない」とし、部会資料75A・15頁においては「代金減額請求は契約の一部解除の性質を有する」と説明されている（その他に、同様の指摘をするものとして、例えば、債権法改正と実務上の課題307頁〔山野目発言〕、詳解432頁〔石川博康執筆〕がある。)。

18 一問一答279頁は、解釈に委ねられているとしながらも、代金減額請求は、実際に引き渡された目的物でも契約の内容に適合していたと擬制してその差を代金額に反映させるという意味で契約の改訂を行うものであるとして、価額の比較の基準時は契約締結時であるとしている。これに対し、潮見・概要262頁以下、山野目191頁は、代金減額請求は引き渡された目的物を当該契約の目的物と承認して受領する旨の買主の意思表明に他ならないとして目的物の引渡時が基準時となるとしている。

帰責性が必要とされた。これに対し、旧法下の瑕疵担保責任は無過失責任であるため、新法により、要件が加重されたこととなる。

（２）契約書作成上の留意点

ア　契約不適合責任に関する条項について

新法では、既に述べたとおり「瑕疵」という文言が「契約不適合」に変更されているが、この用語の変更を契約書に反映させなかったとしても、実務的に大きな問題が生じることはないと思われる。したがって、実務的に、多くの契約書を締結している企業等において、雛形変更が煩瑣であり、かつ、当該契約自体に重要性がない等の理由がある場合に、用語の変更を急がないという判断は十分にあり得よう。ただ、今般の債権法改正に伴い、商法第526条の文言も変更されたので、売買基本契約において、「瑕疵」という文言をあえて残す実益もなく、実務的に可能である場合には、法文に合わせる形で、「瑕疵」という文言を「契約不適合」に変更しておく方が望ましいといえよう。

また、新法第562条第１項は、「種類、品質又は数量に関して契約の内容に適合しないものであるとき」と規定しているが、ここにいう「種類」と「品質」の意義については、必ずしもその外縁が明確ではない[19]。当該契約において、「種

19 例えば、中田裕康教授は、「『種類』と『品質』の区別は、契約の内容に応じて決まるであろう」としているのに対し（中田・契約法317頁）、江頭憲治郎教授は、「『種類』に関する契約不適合とは、品名、形状・色彩、産地、製造業者等に関して約定された内容と異なるものであること、『品質』に関する契約不適合とは、性質、効用、規格、価値等に関して約定された基準に満たないものであることをいう」としている（江頭・商取引法32頁）。

類」又は「品質」のどちらかを契約不適合責任の帰責対象から除外することを検討する場合には、除外されるものについて、契約書内において一定の定義付けも併せて行っておく方が望ましい。

このほか、たとえば「隠れた瑕疵がある場合、売主は瑕疵担保責任を負う」、というような、旧法の条文を引き写した条項は、新法施行後には、契約不適合責任追及の要件を加重するものと解釈されるので、特に買主側で契約書作成等をする場合に注意が必要である。

イ　契約不適合責任の救済手段に関する条項について

既に述べたとおり、新法における契約不適合責任に関する救済手段として、デフォルトルールでは、損害賠償請求権、解除権、追完請求権、追完請求が果たされない場合の代金減額請求権が定められている。実際の契約書作成等に当たっては、買主側の視点として、デフォルトルールより救済手段が制限されていないかを確認するとともに、デフォルトルールのままでは使い勝手の悪い救済手段につき、特約を設けて要件を緩和したり、明確化することが必要である。他方、売主側としては、デフォルトルールどおり、あるいはそれ以上に買主に有利な契約不適合責任を負担することが許容できるか、という視点が重要となる。旧法で認められている損害賠償や解除に関しても、新法で要件が加重又は緩和されているため、実際の取引相手との関係も勘案し、救済手段とその成立要件に関してどのような特約を入れ込むのか、判断と交渉が必要になるところである。

また、新たに明文化された追完請求権については、既に述べたとおり、第一次的には買主が追完方法を選択できるが、売主は、「買主に不相当な負担を課するものでないときは」

買主が選択した方法とは異なる追完方法を選択することができることとされている。この「買主に不相当な負担を課するものでないとき」とはどのような場合をいうのかは、今後の解釈や実務の集積に委ねられているものと思われるので[20]、後日の紛争予防の観点からは、追完方法の選択権者を契約書に明記しておく方が望ましく、売主側の立場からは、第一次的な追完方法の選択権を売主に付与するといった特約も検討に値しよう。

同じく、新たに明文化された代金減額請求権についても、既に述べた、催告の要否並びに解除権及び損害賠償請求権との関係についてのデフォルトルールを前提に、各当事者の立場に応じて、デフォルトルールを変更する規定を設けることを検討することになるものと思われる。また、併せて、規律内容の明確化の観点から、代金減額請求権を行使する場合において、減額される金額の算定方法や金額を比較する基準時についても契約書において定めておく方が望ましいであろう。なお、損害賠償請求については、新法においては売主の賠償範囲が信頼利益に限られるわけではないことが明確化されたので、売主側としては、賠償範囲に制限をかけるため、たとえば、損害賠償額の上限の規定を設けることも検討に値する。

ウ　品質保証と権利行使期間について

売買基本契約には、品質保証に関する定めを設けている場

20 潮見・概要258頁は、具体例として、売買されて工場に設置された機械につき、買主が取替え（代替物の給付）による追完を請求したとしても、売主は修補による追完を選択できるという場合をあげているが、これも契約解釈による以上、事案によっては異なる判断がなされる可能性も否定できないと思われる。また、端的に今後の解釈に委ねられると指摘するものとして、詳説442頁〔大澤加奈子執筆〕がある。

合が多い。この品質保証条項と契約不適合責任に関する条項の関係は一概に論ずることはできないものの、品質保証条項においては、目的物の引渡し時点に存在する契約不適合に限らず、保証期間内であれば、代替物との交換を認めるといった内容になっていることが通例である。この点、商人間売買であれば、合理的な検査によって直ちに発見できない契約不適合についても、目的物の引渡しから６か月以内に契約不適合について通知することを要するところ（商法第526条第２項）、保証期間の定めは、必ずしも、契約不適合の存否に関する商法上の通知期間を延長する合意とは解されないため[21]、品質保証条項が定められている場合には、品質保証条項と契約不適合の通知期間との関係を確認・明確化しておく必要があろう。

なお、旧法における瑕疵担保責任にかかる期間制限は、瑕疵の存在を知った時から１年以内に損害賠償請求権又は解除権の行使をしなければならないという規律であったのに対し（旧法第570条、第566条第３項）、新法は、契約不適合を知った時から１年以内に通知することを義務付けるにとどまる（新法第566条）。この改正により、同条の定める通知を行った後については、契約不適合に基づく損害賠償請求権等は、債権一般の消滅時効に服することとなるので、売主側としては、保証期間と平仄を合わせる等、契約不適合責任の権利行使期間を短縮する規定を設けることも検討に値しよう。なお、念のため付言すれば、売買契約については、別途、商法第526条第２項が適用される場合があるため、その点にも留意が必要である。

---

21 この点について、江頭・商取引法34頁参照。

エ　申込みの撤回に関する規定について

売買契約に固有の問題ではないが、旧法においては、承諾の期間を定めた契約の申込みは撤回できず（旧法第521条第１項）、承諾の期間を定めない場合であっても、申込者が承諾の通知を受けるのに相当な期間を経過するまでは撤回が許容されていなかったところ（旧法第524条）、新法では撤回権の留保が可能であることが明文化された（新法第523条第１項但書、第525条第１項但書）。これを機に、特に買主側としては、注文請書の交付を受けるまでは、発注に係る申込みの撤回を可能とする条項を設けることも検討に値するものと思われる。

５．利率に関する合意

（１）法定利率に関する債権法改正の概要

旧法第404条は法定利率として、年５分の割合による固定利率を定めていたが、新法第404条は、これを変動利率に改めている。

同条第１項によれば、利息を生ずべき債権について別段の合意がなければ、法定利率の基準時は「その利息が生じた最初の時点」とされるが、「その利息が生じた最初の時点」とは、当該利息を支払う義務が生じた最初の時点と解されており、元本債権の性質によって当該時点は異なる。例えば、元本債権が貸金債権の場合であれば、当該貸付金を借主が受領した時点（新法第589条第２項）、不当利得返還請求権であれば、受益者が悪意となった時点（新法第704条）となる。

また、遅延損害金に係る利率については債務者が遅滞の責任を負った最初の時点とされており（新法第419条第１項）、不法行為に基づく損害賠償請求権であれば、不法行為の時点、期限の定めのない債務であれば、履行請求時（新法第412条第３項）となる[22]。

（２）契約書作成上の留意点

以上のとおり、新法の下では、利息や遅延損害金の計算をする場合に、利息債権の発生時期や付遅滞の時期によって利率が異なることとなり、債権管理が従来に比して煩雑になるので、従来どおり、固定の利率で遅延損害金等を計算・管理したい場合には、契約書において、約定利率を定めておく必要がある。なお、この利率に関しては、売買契約以外の契約書を作成等する場合においても同様の問題が生じるところである。

【新法】
（法定利率）
第404条
１　利息を生ずべき債権について別段の意思表示がないときは、その利率は、その利息が生じた最初の時点における法定利率による。
２　法定利率は、年３パーセントとする。
３　前項の規定にかかわらず、法定利率は、法務省令で定めるところにより、３年を一期とし、一期ごとに、次項の規定により変動するものとする。
４　各期における法定利率は、この項の規定により法定利率に変動があった期のうち直近のもの（以下この項において「直近変動期」という。）における基準割合と当期における基準割合との差に相当する割合（その割合に１パーセント未満の端数があるときは、これを切り捨てる。）を直近変動期における法定利率に加算し、又は減算した割合とする。
５　前項に規定する「基準割合」とは、法務省令で定めるところにより、各期の初日の属する年の６年前の年の１月から前々年の12月までの各月における短期貸付けの平均利率（当該各月において銀行が新たに行った貸付け（貸付期間が１年未満のものに限る。）に係る利率の平均をいう。）の合計を60で除して計算した割合（その割合に0.1パーセント未満の端数があるときは、これを切り捨てる。）として法務大臣が告示するものをいう。

22 以上の点につき、一問一答86頁。

第2章 付録

1．はじめに

本付録は、旧法を前提に作成されている取引基本契約書（売買基本契約書）につき、本章での検討を踏まえて、実際に修正を試みたものである。個別具体的な事案や、当事者の交渉力の差異等によって、実際の事案での契約書修正は千差万別となり得るが、ここではやや抽象的な事案を前提に、新法を踏まえた契約書修正の一例を提示することを試みている。第３章以下の付録も同様であるが、契約書の性質上、契約の一方当事者の視点に立った修正例となっているため、実際の利用に当たってはこの点を念頭に置いていただきたい。

2．取引基本契約―売買基本契約

（1）設例

甲（買主―精密機械の小売業）と乙（売主―精密機械部品の卸売業）は、長年に亘り甲が扱う精密機械の部品について、後掲の取引基本契約書に基づき、取引を継続してきた。甲の創業時から乙との取引は存在し、当初は、甲における機械部品の仕入れの大部分を乙からの仕入れが占めていた。近年は、海外から安価に部品を仕入れることも可能になったことで、乙からの仕入量は減少傾向にあるものの、甲は、乙の販売する機械部品が良質であることから、その品質に着目して、今でも取引を継続している。

新法施行を機に、甲は乙との間で取引基本契約を新規に締結することとした。以下では、このような甲の立場に立ち、取引基本契約書の修正を試みている。

（２）既存の契約書とその修正例

既存の契約書

取引基本契約書

●●（以下「買主」という。）及び●●（以下「連帯保証人[1]」という。）と、●●（以下「売主」といい、買主及び売主を個別に又は総称して以下「本当事者」という。）とは、売主の販売する●●に関する製品（以下「本製品」という。）の本当事者間の継続的な売買取引に関して、次のとおり取引基本契約（以下「本契約」という。）を締結する。

（新設）

第１条（本契約の適用）

本契約に定める事項は、本契約の有効期間中に本当事者間において行われる本製品の個別の取引（以下「個別契約」という。）に対して共通に適用される。但し、個別契約において本契約と異なる事項又は矛盾する事項を定めた場合には、個別契約の規定が本契約に優先して適用される。

第２条（個別契約の内容）

売主から買主に売り渡される製品の品名、製品番号、種類、数量、価格、納期、納品場所及び代金支払条件その他売買取引に必要な条件（以下「個別契約内容」という。）は、本契約に定めるものを除き、本当事者が個別契約において別途定める。

---

1 連帯保証人が買主の代表取締役であることを念頭に置いている。

修　正　例

取引基本契約書

●●（以下「買主」という。）及び●●（以下「連帯保証人」という。）と、●●（以下「売主」といい、買主及び売主を個別に又は総称して以下「本当事者」という。）とは、売主の販売する●●に関する製品（以下「本製品」という。）の本当事者間の継続的な売買取引に関して、次のとおり取引基本契約（以下「本契約」という。）を締結する。

第１条（目的）
本契約は、売主が買主に対し本製品を継続的に供給する取引に関し、本当事者間で行われる本製品の個別売買契約取引（以下「個別契約」という。）に共通する事項を定めるものである。本当事者は、買主が、売主の供給する本製品の品質が安定的かつ良質なものであることに着目して本契約に基づく取引を継続的に行うものであることを相互に理解し、円滑な取引の継続を通じて図るものとする。
【コメント：契約の目的として、品質に着目した取引であることを明確化した。】

第２条（本契約の適用）
本契約に定める事項は、本契約の有効期間中に本当事者間において行われる本製品の売買~~個別の取引~~（以下「個別契約」という。）に対して共通に適用される。但し、個別契約において本契約と異なる事項又は矛盾する事項を定めた場合には、個別契約の規定が本契約に優先して適用される。

第３条（個別契約の内容）
売主から買主に売り渡される製品の品名、製品番号、種類、数量、価格、納期、納品場所及び代金支払条件その他売買取引に必要な条件（以下「個別契約内容」という。）は、本契約に定めるものを除き、本当事者が個別契約において別途定める。

第３条（個別契約の成立）

個別契約は、買主が、個別契約内容を記載した所定の注文書（以下「注文書」という。）を送付することにより売主に発注し、売主が所定の注文請書を買主に送付し買主に到達した時点で成立する。但し、買主による注文書送付後、10営業日以内に注文請書が買主に到達せず、又は、売主から諾否の回答がなされない場合には、個別契約は成立したものとみなす。

第４条（本製品の納品・検査・検収等）

1　買主は、個別契約の定めに従い、本製品を所定の納期に、所定の納品場所において納入する。買主は、本製品の受領後７営業日以内に、買主売主が事前に別途合意した検査方法により、本製品の数量及び内容について検査（以下「本検査」という。）を行ったうえで、本検査に合格したものを検収する。本検査において、本製品に瑕疵又は数量不足があった場合は、買主は、具体的な瑕疵又は数量不足の内容を示して、売主に通知するものとし、買主が、本検査実施後●営業日以内に当該通知を行わなかったときは、当該製品は、本検査に合格したものとみなす。

第４条（個別契約の成立）

個別契約は、買主が、個別契約内容を記載した所定の注文書（以下「注文書」という。）を送付することにより売主に発注し、売主が所定の注文請書を買主に送付し買主に到達した時点で成立する。但し、注文請書が買主に到達するまでは、買主はその発注を撤回することができ、買主による注文書送付後、10営業日以内に注文請書が買主に到達せず、又は、売主から諾否の回答がなされない場合には、個別契約は成立したものとみなす。

【コメント：注文の意思表示の撤回権を留保した規定ぶりとしている（新法525条１項但書)。】 ☞ 本章４⑵エ

第５条（本製品の納品・検査・検収等）

1　買主は、個別契約の定めに従い、本製品を所定の納期に、所定の納品場所において納入する。買主は、本製品の受領後７営業日以内に、買主売主が事前に別途合意した検査方法により、本製品の種類、品質及び数量~~及び内容~~について検査（以下「本検査」という。）を行ったうえで、本検査に合格したものを検収する。本検査において、本製品の種類、品質、数量に関して契約の内容に適合しないこと（以下「契約不適合」という。）を発見した~~に瑕疵又は数量不足があった~~場合は、買主は、契約不適合~~具体的な瑕疵又は数量不足~~の内容を示して、売主に通知するものとする~~し、買主が、本検査実施後●営業日以内に当該通知を行わなかったときは、当該製品は、本検査に合格したものとみなす~~。

【コメント：「瑕疵」という用語を残しても間違いではないものの、契約不適合という用語に置き換える形で修正を試みた。なお、通知期間経過後にも解除又は損害賠償請求の余地を残すため、みなし合格規定を変更し、第３項で、追完及び代金減額の義務のみ、これを免れる旨の規定を設けた。】 ☞ 本章４⑴ア、⑵ア

2　売主は、前項の通知を受けた場合には、速やかに代品の納品、本製品の修理又は部品の交換を行うものとする。

3　本検査の結果、不合格となった本製品であっても、本製品の使用目的に照らして瑕疵が軽微であると買主が認めたときは、本当事者の協議によりその対価を減額した上、買主はこれを引き取ることができる。この場合、当該瑕疵により生じた損害については、買主の負担とする。

4　個別契約の定めにかかわらず、売主が買主に対する債権を保全するうえで必要と認められるときは、売主は、買主から適切な保証を受けるまで、本製品の全部又は一部の引渡しを拒絶することができる。この場合、売主は、買主の損害について、何ら責任を負わない。

(新設)

第５条（所有権の移転・危険負担）

1　本製品に係る所有権は、前条第１項に基づき買主の検収が完了した時点において、売主から買主に移転するものとする。但し、買主が引き取った不合格品については、買主が引き取る旨の意思表示をした時に、売主から買主に移転する。

2　売主は、前項の通知を受けた場合には、買主の指定するところに従い、速やかに代品の納品、本製品の修理、又は部品の交換又は不足分の納品の方法により履行の追完を行うものとする。但し、3　本検査の結果、不合格となった本製品であっても、本製品の使用目的に照らして瑕疵が軽微であると買主が別途認めたときは、本当事者の協議によりその対価を減額した上、買主はこれを引き取ることができる。この場合に限り、当該瑕疵により生じた損害については、買主の負担とする。4　個別契約の定めにかかわらず、売主が買主に対する債権を保全するうえで必要と認められるときは、売主は、買主が指定する以外の方法で履行の追完を行うことができる。から適切な保証を受けるまで、本製品の全部又は一部の引渡しを拒絶することができる。この場合、売主は、買主の損害について、何ら責任を負わない。

【コメント：買主側の立場から、売主が追完方法を選択できる場面を制限している。】　☜ 本章４(2)イ

3　買主が、本検査実施後●営業日以内に第１項の通知を行わなかったときは、当該本製品に関し、売主は、前項の義務を免れる。

4　第２項の規定にかかわらず、買主は、契約不適合のある本製品について、同項に定める履行の追完に代えて、代金の減額を求めることができる。なお、代金の減額に際しては、注文書記載の金額と不合格となった本製品の引渡時における時価相当額の差額を基準とするものとする。

【コメント：買主側の立場から、追完請求をすることなく、代金減額請求をすることができるよう改めた。代金減額の基準も明確化を試みている。】　☜ 本章４(2)イ

5　前項の代金減額請求は、本製品の契約不適合を理由とする買主の売主に対する損害賠償請求を妨げない。

第６条（所有権の移転・危険負担）

1　本製品に係る所有権は、前条第１項に基づき買主の検収が完了した時点において、売主から買主に移転するものとする。但し、買主が引き取った不合格品については、買主が引き取る旨の意思表示をした時に、売主から買主に移転する。

2　前条第１項に基づき買主が検収する前に生じた本製品の滅失、損傷その他の損害は、買主の責めに帰すべきものを除き売主が負担し、検収後に生じた本製品の滅失、損傷その他の損害は、売主の責めに帰すべきものを除き買主が負担する。

第６条（仕様基準・品質保証）

1　本製品の仕様は、①図面、仕様書、規格、各種資料及びこれらに準ずる書類で買主が作成し売主に交付したもの、②法令又は条例に定められた基準、並びに、③本当事者が別途定めた基準の全てに準拠していなければならない。

2　売主は、本製品が前項に定める基準に合致しており、かつ買主の合理的に満足する品質及び性能を備えることを保証する。

3　売主は、本製品の各生産工程にわたる品質保証体制を確立し、これを整備しなければならない。

4　買主は、本当事者間で協議した上で必要であると本当事者が合意した場合に限り、本製品の製造に立ち会い、その作業状況、製造工程を点検することができるものとする。

5　本製品の仕様基準・品質に影響を与える材料及び工程の変更が必要となった場合には、売主は事前に書面により買主の同意を得るものとする。

第７条（代金の支払）

1　買主は、本製品に関する買主の代金支払総額を毎月末日（営業日でない場合は前営業日。以下本条において同じ。）に集計して、毎月末日を締切り、翌月15日（営業日でない場合は翌営業日）を支払期日として、別途売主が指定する方法により支払うものとする。

2　買主が代金の支払を怠ったときは、支払期日の翌日から完済に至るまで年14.6％の割合による遅延損害金を売主に支払う。

2　前条第１項に基づき買主が検収する前に生じた本製品の滅失、損傷その他の損害は、買主の責めに帰すべきものを除き売主が負担し、検収後に生じた本製品の滅失、損傷その他の損害は、売主の責めに帰すべきもの又は本製品の契約不適合に起因するものを除き買主が負担する。

第７条（仕様基準・品質保証）

1　本製品の仕様は、①図面、仕様書、規格、各種資料及びこれらに準ずる書類で買主が作成し売主に交付したもの、②法令又は条例に定められた基準、並びに、③本当事者が別途定めた基準あるいは本製品が通常使用される状況に応じ、社会通念上要求される水準の全てに準拠していなければならない。

2　売主は、本製品が前項に定める基準に合致しており、かつ買主の合理的に満足する品質及び性能を備えることを保証する。

3　売主は、本製品の各生産工程にわたる品質保証体制を確立し、これを整備しなければならない。

4　買主は、本当事者間で協議した上で必要であると本当事者が合意した場合に限り、本製品の製造に立ち会い、その作業状況、製造工程を点検することができるものとする。

5　本製品の仕様基準・品質に影響を与える材料及び工程の変更が必要となった場合には、売主は事前に書面により買主の同意を得るものとする。

第８条（代金の支払）

1　買主は、本製品に関する買主の代金支払総額を毎月末日（営業日でない場合は前営業日。以下本条において同じ。）に集計して、毎月末日を締切り、翌月15日（営業日でない場合は翌営業日）を支払期日として、別途売主が指定する方法により支払うものとする。

2　買主が代金の支払を怠ったときは、支払期日の翌日から完済に至るまで年14.6％の割合による遅延損害金を売主に支払う。

第８条（瑕疵担保責任）

本製品に本検査では発見できない瑕疵があったときは、納品後６か月以内に買主が瑕疵を発見し、その旨を売主に対して通知した場合に限って、売主は、本製品の修理、部品の交換又は代品の納品に応じるものとする。なお、本条の規定は、買主による損害賠償の請求を妨げない。

第９条（製造物責任）

1　売主は、本製品の欠陥（製造物責任法第２条第２項により定義された欠陥をいう。以下同じ。）に起因して、第三者の生命、身体又は財産に損害が生じたときは、売主の故意又は過失の有無を問わず、その第三者又は買主が被った一切の損害（弁護士費用を含むがこれに限らない。）を賠償する。

2　買主は、本製品の欠陥を理由とする損害賠償請求その他の請求を処理した場合に、当該請求の原因が本製品の欠陥に起因するときには、買主が当該処理に要した費用及び被った損害につき、売主に求償することができるものとする。

第10条（第三者の権利侵害）

1　売主は、本製品及びその製造・使用・販売が第三者の特許権、実用新案権、意匠権、商標権、著作権、ノウハウその他これらに類似する権利（出願中のものを含み、以下「知的財産権」という。）を侵害しないことを保証する。

第９条（契約不適合~~瑕疵担保~~責任）

本製品に本検査では発見できない契約不適合~~瑕疵~~があったときは、~~納品後６か月以内に~~買主が当該契約不適合~~瑕疵~~を知ったときから１年以内に~~発見し、~~その旨を売主に対して通知した場合に限り（但し、売主が引渡しの時にその契約不適合を知り、又は重過失により知らなかったときは、この限りではない。）~~限って~~、売主は、第５条第２項に定める方法により履行の追完を行い、あるいは、買主は、同条第４項に定める代金減額請求を行うことができるものとする。~~本製品の修理、部品の交換又は代品の納品に応じるものとする。~~なお、本条の規定は、買主による損害賠償の請求を妨げない。

【コメント：買主側の視点で、不適合責任の追及期間につき、新法に準拠した修正を試みている。売主側の視点からすれば、避けるべき修正内容である。】☜ 本章４⑵ウ

第10条（製造物責任）

1　売主は、本製品の欠陥（製造物責任法第２条第２項により定義された欠陥をいう。以下同じ。）に起因して、第三者の生命、身体又は財産に損害が生じたときは、売主の故意又は過失の有無を問わず、その第三者又は買主が被った一切の損害（弁護士費用を含むがこれに限らない。）を賠償する。

2　買主は、本製品の欠陥を理由とする損害賠償請求その他の請求を処理した場合に、当該請求の原因が本製品の欠陥に起因するときには、買主が当該処理に要した費用及び被った損害につき、売主に求償することができるものとする。

第11条（第三者の権利侵害）

1　売主は、本製品及びその製造・使用・販売が第三者の特許権、実用新案権、意匠権、商標権、著作権、ノウハウその他これらに類似する権利（出願中のものを含み、以下「知的財産権」という。）を侵害しないことを保証する。

2　売主は、第三者との間において、知的財産権の侵害に関わる紛争が生じた場合又はそのおそれがある場合には、遅滞なく書面により買主にその旨を通知するとともに、売主の責任と負担においてこれを処理解決するものとする。当該紛争に関して、買主が何らかの費用負担又は損害を被った場合には、売主は当該損害を賠償するものとする。但し、当該紛争が、買主の責任に起因する場合には、売主は本条に定める責任を負わないものとする。

第11条（再委託）

1　売主は、買主の事前の書面による承諾を得た場合に限り、本製品の製造に係る業務の全部又は一部を第三者（以下「再委託先」という。）に再委託することができるものとし、買主の承諾を得て再委託を行う場合には、買主に対して、直ちに再委託先の名称及び再委託した業務の内容を書面により通知するものとする。

2　売主は、前項に基づき再委託を行った場合には、再委託先に本契約及び個別契約に定める売主の義務と同等の義務を遵守させるものとし、再委託先が当該義務に違反したときは、再委託先による当該義務違反は売主の違反とみなして、売主が再委託先と共同で、買主に対しその一切の責任を負うものとする。

第12条（権利義務の譲渡禁止）

本当事者は、相手方の事前の書面による承諾がない限り、本契約及び個別契約における契約上の地位又はこれらに基づく権利義務の全部若しくは一部を、第三者に譲渡し、担保に供し、又はその他の処分をしてはならない。

（新設）

（新設）

2　売主は、第三者との間において、知的財産権の侵害に関わる紛争が生じた場合又はそのおそれがある場合には、遅滞なく書面により買主にその旨を通知するとともに、売主の責任と負担においてこれを処理解決するものとする。当該紛争に関して、買主が何らかの費用負担又は損害を被った場合には、売主は当該損害を賠償するものとする。但し、当該紛争が、買主の責任に起因する場合には、売主は本条に定める責任を負わないものとする。

第12条（再委託）

1　売主は、買主の事前の書面による承諾を得た場合に限り、本製品の製造に係る業務の全部又は一部を第三者（以下「再委託先」という。）に再委託することができるものとし、買主の承諾を得て再委託を行う場合には、買主に対して、直ちに再委託先の名称及び再委託した業務の内容を書面により通知するものとする。

2　売主は、前項に基づき再委託を行った場合には、再委託先に本契約及び個別契約に定める売主の義務と同等の義務を遵守させるものとし、再委託先が当該義務に違反したときは、再委託先による当該義務違反は売主の違反とみなして、売主が再委託先と共同で、買主に対しその一切の責任を負うものとする。

第13条（権利義務の譲渡禁止）

1　本当事者は、相手方の事前の書面による承諾がない限り、本契約及び個別契約における契約上の地位又はこれらに基づく権利義務の全部若しくは一部を、第三者に譲渡し、担保に供し、又はその他の処分をしてはならない。

2　当事者の一方が前項の規定に違反した場合には、その相手方は、本契約及び本契約に基づいて既に締結している個別契約の一切を解除することができる。

3　前項の場合には、第１項の規定に違反した当事者は、その相手方に対して、違約金として●●円を支払うものとする。

【コメント：債権譲渡制限特約違反の債権譲渡に関し、債権者を固定するための規定である。】☜ 第１章４(2)、第７章２(1)

第13条（不可抗力）

1　地震、津波、台風その他の天変地異、戦争、交戦状態、暴動、内乱、重大な疾病、法令等の制定・改廃、ストライキ、ロックアウト、輸送手段の欠如その他本当事者の合理的な制御を超えた事態（以下「不可抗力事由」という。）による本契約の全部又は一部（但し金銭債務を除く。）の履行遅滞又は履行不能については、いずれの本当事者もその責任を負わないものとする。但し、不可抗力事由により影響を受けた本当事者は、不可抗力事由の発生を速やかに相手方に通知するとともに、損害を軽減するために最大限の努力をする。

2　本当事者は、不可抗力事由が生じ、本契約の目的を達成することが困難であると認めるに足りる合理的な理由がある場合には、協議の上、本契約又は個別契約の全部又は一部を解除できる。

第14条（守秘義務）

1　本当事者は、以下の各号に規定する情報を除き、相手方当事者の書面による事前承諾なしに、本製品に関する情報、本契約及び個別契約の交渉及び履行の過程において他方当事者から秘密情報として受領した情報、本契約及び個別契約の内容その他本契約及び個別契約に関する一切の情報（以下「秘密情報」という。）について、本契約及び個別契約の目的達成のため以外に使用せず、第三者に開示してはならない。

（１）開示を受けた時点で、受領者が既に保有していた情報

（２）開示を受けた時点で、既に公知であった情報

（３）開示を受けた後、受領者の責に帰さない事由により公知となった情報

（４）受領者が開示者の機密情報を利用することなく独自に開発した情報

（５）受領者が正当な権限を有する第三者より守秘義務を負うことなく開示を受けた情報

（６）法令等、金融商品取引所の規則、証券業協会の規則その他これに準ずる定めに基づき受領者に開示が要求された情報。但し、当該要求を受けた受領者は、速やかに開示者に当該事実を通知するものとする。

第14条（不可抗力）
1　地震、津波、台風その他の天変地異、戦争、交戦状態、暴動、内乱、重大な疾病、法令等の制定・改廃、ストライキ、ロックアウト、輸送手段の欠如その他本当事者の合理的な制御を超えた事態（以下「不可抗力事由」という。）による本契約の全部又は一部（但し金銭債務を除く。）の履行遅滞又は履行不能については、いずれの本当事者もその責任を負わないものとする。但し、不可抗力事由により影響を受けた本当事者は、不可抗力事由の発生を速やかに相手方に通知するとともに、損害を軽減するために最大限の努力をする。
2　本当事者は、不可抗力事由が生じ、本契約の目的を達成することが困難であると認めるに足りる合理的な理由がある場合には、協議の上、本契約又は個別契約の全部又は一部を解除できる。

第15条（守秘義務）
1　本当事者は、以下の各号に規定する情報を除き、相手方当事者の書面による事前承諾なしに、本製品に関する情報、本契約及び個別契約の交渉及び履行の過程において他方当事者から秘密情報として受領した情報、本契約及び個別契約の内容その他本契約及び個別契約に関する一切の情報（以下「秘密情報」という。）について、本契約及び個別契約の目的達成のため以外に使用せず、第三者に開示してはならない。
（1）開示を受けた時点で、受領者が既に保有していた情報
（2）開示を受けた時点で、既に公知であった情報
（3）開示を受けた後、受領者の責に帰さない事由により公知となった情報
（4）受領者が開示者の機密情報を利用することなく独自に開発した情報
（5）受領者が正当な権限を有する第三者より守秘義務を負うことなく開示を受けた情報
（6）法令等、金融商品取引所の規則、証券業協会の規則その他これに準ずる定めに基づき受領者に開示が要求された情報。但し、当該要求を受けた受領者は、速やかに開示者に当該事実を通知するものとする。

2　前項の規定にかかわらず、本当事者は、本契約及び個別契約の目的達成のため合理的に必要な範囲で、弁護士、公認会計士、税理士、司法書士及びコンサルタントその他の専門家に対し、秘密保持義務を課した上で秘密情報を開示することができる。

第15条（通知義務）

本当事者は、その住所、商号、代表者、営業目的、資本金その他商業登記事項又は身分上に重要な変更があったときは、遅滞なく書面をもって相手方に対して通知するものとする。

第16条（連帯保証人）

連帯保証人は、買主と連帯して、本契約から生じる買主の一切の債務を負担するものとする。

（新設）

（新設）

２　前項の規定にかかわらず、本当事者は、本契約及び個別契約の目的達成のため合理的に必要な範囲で、弁護士、公認会計士、税理士、司法書士及びコンサルタントその他の専門家に対し、秘密保持義務を課した上で秘密情報を開示することができる。

第16条（通知義務）

本当事者は、その住所、商号、代表者、営業目的、資本金その他商業登記事項又は身分上に重要な変更があったときは、遅滞なく書面をもって相手方に対して通知するものとする。

第17条（連帯保証人）

１　連帯保証人は、買主と連帯して、本契約（次条第１項の規定に基づき延長された場合を含む。）及び個別契約から生じる買主の一切の債務（以下「本件債務」という。）を保証し、これを負担するものとする。なお、本条は、取引基本契約とは別個の売主と連帯保証人との間の独立の保証契約に関する規定であり、本契約の有効期間にかかわらず、存続するものである。

２　連帯保証人は、本契約締結に先立ち、買主からの保証の委託を受けるに当たり、買主から次に掲げる事項に関する情報の提供を受け、その内容を十分に理解した上で本契約を締結することを確認する。

（１）買主の財産及び収支の状況

（２）買主が本件債務以外に負担している債務の有無並びにその額及び履行状況

（３）本件債務の担保として他に提供し、又は提供しようとするものがあるときは、その旨及びその内容

３　連帯保証人による連帯保証の極度額は、金●円とする。

【コメント：第１項は、主債務の範囲に関する疑義を避ける観点から規定している。更新のたびに主債務者が保証人に情報提供する必要が生じることは双方当事者にとって煩雑であるため、そのような煩雑さを防ぐ観点から、次条第１項において本条を更新対象から除外し、併せて、上記規定を設けている。第２項は、主たる債務者の保証人に対する情報提供義務が履行されたことを確認する条項の例である。第３項は、極度額の定めを書面化する観点から必要となる点に留意されたい。】 ☜ 第１章３⑵、⑶

（新設）

第17条（有効期間）

1　本契約は、本契約の締結日より３年間有効とする。但し、本契約の有効期間満了の１か月前までに本当事者のいずれからも別段の書面による申入れのない場合には、本契約は同一の条件（但し、本契約の有効期間を除く。）で自動的に２年間更新され、以降も同様とする。

2　本契約が終了した時に存在する個別契約については、個別契約が終了するまで引き続き本契約の規定を適用する。

3　本契約の終了にかかわらず、本条、第８条乃至第10条、第12条、第14条、第21条及び第23条の規定は引き続きその効力を有するものとする。

第18条（中途解約）

本当事者は、前条第１項に定めた有効期間中に本契約の中途解約を希望する場合には、書面により６か月前の予告通知をもって、本契約を解約することができる。

第19条（契約の解除）

1　本当事者は、相手方が次の各号のいずれか一つに該当したときは、何らの通知、催告を要せず、直ちに本契約又は個別契約を解除することができる。

（１）本契約又は個別契約に定める条項に違反があり、相手方に対し催告したにもかかわらず14日以内に当該違反が是正されないとき

（２）監督官庁より営業停止又は営業に関する免許、許可、指定若しくは登録の取消の処分を受けたとき

4　売主が、連帯保証人に対して保証債務の履行を請求したときには、その請求は買主（他に連帯保証人がいるときは、当該他の連帯保証人を含む。）に対しても効力を生ずるものとする。

【コメント：（必ずしも買主側から提案する内容ではないが）連帯保証人に対する履行請求を絶対的効力事由とする趣旨の特約である。】☜ 第１章３(1)エ

第18条（有効期間）

1　本契約は、本契約の締結日より３年間有効とする。但し、本契約の有効期間満了の１か月前までに本当事者のいずれからも別段の書面による申入れのない場合には、本契約は前条を除き、同一の条件（但し、本契約の有効期間を除く。）で自動的に２年間更新され、以降も同様とする。

2　本契約が終了した時に存在する個別契約については、個別契約が終了するまで引き続き本契約の規定を適用する。

3　本契約の終了にかかわらず、本条、第９条~~第８条~~乃至第11条、第13条、第15条、第22条~~第10条、第12条、第14条、第21条~~及び第24条~~第23条~~の規定は引き続きその効力を有するものとする。

第19条（中途解約）

本当事者は、前条第１項に定めた有効期間中に本契約の中途解約を希望する場合には、書面により６か月前の予告通知をもって、本契約を解約することができる。

第20条（契約の解除）

1　本当事者は、相手方が次の各号のいずれか一つに該当したときは、何らの通知、催告を要せず、直ちに本契約又は個別契約を解除することができる。

（1）本契約又は個別契約に定める条項に違反があり、相手方に対し催告したにもかかわらず14日以内に当該違反が是正されないとき

（2）監督官庁より営業停止又は営業に関する免許、許可、指定若しくは登録の取消の処分を受けたとき

（３）手形若しくは小切手が不渡りとなったとき、又は、支払停止若しくは支払不能の状態に陥ったとき
（４）第三者より差押え、仮差押え、仮処分若しくは競売の申立て、又は公租公課の滞納処分を受けたとき
（５）破産手続開始、民事再生手続開始、会社更生手続開始、特別清算開始の申立てを受け、又は自ら申立てを行ったとき
（６）解散、会社分割又は事業譲渡の決議をしたとき
（７）その他財産状態が悪化し、又はそのおそれがあると認められる相当の事由が生じたとき
２　前項の場合、本契約又は個別契約を解除された当事者は、解除によって解除をした当事者が被った損害を賠償するものとする。

第20条（期限の利益の喪失）
１　本当事者の一方が本契約又は個別契約に定める条項に違反した場合、相手方の書面による通知により、相手方に対する一切の債務について期限の利益を喪失し、当該債務の全額を直ちに相手方に弁済しなければならない。
２　本当事者の一方に前条第１項のいずれかに該当する事由が発生した場合、相手方からの何らかの通知催促がなくとも、相手方に対する一切の債務について当然に期限の利益を喪失し、当該債務の全額を直ちに相手方に弁済しなければならない。

第21条（損害賠償の範囲）
本当事者が、本契約に違反して相手方に損害を与えた場合には、相手方に対し、当該損害につき賠償する責任を負う。

第22条（反社会的勢力の排除）
本当事者は、それぞれ相手方に対し、次の各号の事項を確約する。
（１）以下のア乃至ケのいずれかに該当する者（以下総称して「反社会的勢力」という。）ではないこと
ア　暴力団（その団体の構成員（その団体の構成団体の構成員を含む。）が集団的に又は常習的に暴力的不法行為等を行うことを助長するおそれがある団体をいう。以下同じ。）

（3）手形若しくは小切手が不渡りとなったとき、又は、支払停止若しくは支払不能の状態に陥ったとき
（4）第三者より差押え、仮差押え、仮処分若しくは競売の申立て、又は公租公課の滞納処分を受けたとき
（5）破産手続開始、民事再生手続開始、会社更生手続開始、特別清算開始の申立てを受け、又は自ら申立てを行ったとき
（6）解散、会社分割又は事業譲渡の決議をしたとき
（7）その他財産状態が悪化し、又はそのおそれがあると認められる相当の事由が生じたとき

2　前項の場合、本契約又は個別契約を解除された当事者は、解除によって解除をした当事者が被った損害を賠償するものとする。

第21条（期限の利益の喪失）

1　本当事者の一方が本契約又は個別契約に定める条項に違反した場合、相手方の書面による通知により、相手方に対する一切の債務について期限の利益を喪失し、当該債務の全額を直ちに相手方に弁済しなければならない。

2　本当事者の一方に前条第１項のいずれかに該当する事由が発生した場合、相手方からの何らかの通知催促がなくとも、相手方に対する一切の債務について当然に期限の利益を喪失し、当該債務の全額を直ちに相手方に弁済しなければならない。

第22条（損害賠償の範囲）

本当事者が、本契約に違反して相手方に損害を与えた場合には、相手方に対し、当該損害につき賠償する責任を負う。

第23条（反社会的勢力の排除）

本当事者は、それぞれ相手方に対し、次の各号の事項を確約する。

（1）以下のア乃至ケのいずれかに該当する者（以下総称して「反社会的勢力」という。）ではないこと
　ア　暴力団（その団体の構成員（その団体の構成団体の構成員を含む。）が集団的に又は常習的に暴力的不法行為等を行うことを助長するおそれがある団体をいう。以下同じ。）

イ　暴力団員（暴力団の構成員をいう。以下同じ。）
ウ　暴力団員でなくなった時から５年を経過しない者
エ　暴力団準構成員（暴力団員以外の暴力団と関係を有する者であって、暴力団の威力を背景に暴力的不法行為等を行うおそれがあるもの、又は暴力団若しくは暴力団員に対し資金、武器等の供給を行うなど暴力団の維持若しくは運営に協力し、若しくは関与する者をいう。以下同じ。）
オ　暴力団関係企業（暴力団員が実質的にその経営に関与している企業、暴力団準構成員若しくは元暴力団員が経営する企業で暴力団に資金提供を行うなど暴力団の維持若しくは運営に積極的に協力し若しくは関与する企業又は業務の遂行等において積極的に暴力団を利用し暴力団の維持若しくは運営に協力している企業をいう。）
カ　総会屋等（総会屋、会社ゴロ等企業等を対象に不正な利益を求めて暴力的不法行為等を行うおそれがあり、市民生活の安全に脅威を与える者をいう。）
キ　社会運動等標ぼうゴロ（社会運動若しくは政治活動を仮装し、又は標ぼうして、不正な利益を求めて暴力的不法行為等を行うおそれがあり、市民生活の安全に脅威を与える者をいう。）
ク　特殊知能暴力集団等（上記ア乃至キに掲げる者以外の、暴力団との関係を背景に、その威力を用い、又は暴力団と資金的なつながりを有し、構造的な不正の中核となっている集団又は個人をいう。）
ケ　その他上記ア乃至クに準ずる者

（２）以下のア乃至ウのいずれにも該当しないこと
ア　自己若しくは第三者の不正の利益を図る目的又は第三者に損害を加える目的をもってするなど、不当に反社会的勢力を利用していると認められる関係を有すること。
イ　反社会的勢力に対して資金等を提供し、又は便宜を供与するなどの関与をしていると認められる関係を有すること。
ウ　反社会的勢力に自己の名義を利用させ、本契約を締結するものであること。

イ　暴力団員（暴力団の構成員をいう。以下同じ。）
ウ　暴力団員でなくなった時から５年を経過しない者
エ　暴力団準構成員（暴力団員以外の暴力団と関係を有する者であって、暴力団の威力を背景に暴力的不法行為等を行うおそれがあるもの、又は暴力団若しくは暴力団員に対し資金、武器等の供給を行うなど暴力団の維持若しくは運営に協力し、若しくは関与する者をいう。以下同じ。）
オ　暴力団関係企業（暴力団員が実質的にその経営に関与している企業、暴力団準構成員若しくは元暴力団員が経営する企業で暴力団に資金提供を行うなど暴力団の維持若しくは運営に積極的に協力し若しくは関与する企業又は業務の遂行等において積極的に暴力団を利用し暴力団の維持若しくは運営に協力している企業をいう。）
カ　総会屋等（総会屋、会社ゴロ等企業等を対象に不正な利益を求めて暴力的不法行為等を行うおそれがあり、市民生活の安全に脅威を与える者をいう。）
キ　社会運動等標ぼうゴロ（社会運動若しくは政治活動を仮装し、又は標ぼうして、不正な利益を求めて暴力的不法行為等を行うおそれがあり、市民生活の安全に脅威を与える者をいう。）
ク　特殊知能暴力集団等（上記ア乃至キに掲げる者以外の、暴力団との関係を背景に、その威力を用い、又は暴力団と資金的なつながりを有し、構造的な不正の中核となっている集団又は個人をいう。）
ケ　その他上記ア乃至クに準ずる者

（２）以下のア乃至ウのいずれにも該当しないこと
ア　自己若しくは第三者の不正の利益を図る目的又は第三者に損害を加える目的をもってするなど、不当に反社会的勢力を利用していると認められる関係を有すること。
イ　反社会的勢力に対して資金等を提供し、又は便宜を供与するなどの関与をしていると認められる関係を有すること。
ウ　反社会的勢力に自己の名義を利用させ、本契約を締結するものであること。

第23条（準拠法及び裁判管轄）
本契約は、日本法に準拠し、同法に従って解釈されるものとし、本契約に起因し又はこれに関連する一切の紛争については、大阪地方裁判所を第一審の専属的合意管轄裁判所とする。

第24条（誠実協議）
本当事者は、本契約の条項の解釈につき疑義が生じた場合及び本契約に定めのない事項については、誠意をもって協議して解決する。

以上の合意を証するため、本書３通を作成し、各自記名押印の上、各１通を保有する。

第24条（準拠法及び裁判管轄）
本契約は、日本法に準拠し、同法に従って解釈されるものとし、本契約に起因し又はこれに関連する一切の紛争については、大阪地方裁判所を第一審の専属的合意管轄裁判所とする。

第25条（誠実協議）
本当事者は、本契約の条項の解釈につき疑義が生じた場合及び本契約に定めのない事項については、誠意をもって協議して解決する。

以上の合意を証するため、本書３通を作成し、各自記名押印の上、各１通を保有する。

第３章　定型約款

１．はじめに

今般の債権法改正において、定型約款に関する規律が新設された[1]。旧法下において約款に関する明文の規定は設けられていなかったが、新法により、定型約款の定義、定型約款による契約の成立、定型約款の変更等に関する規律が設けられている。

以下では、順に、新法における定型約款に関する規律を概説し、最後に、約款作成等における実務上のポイントについても解説し、参考として、後述する「変更条項」について、新法を踏まえた修正例を示すこととする。

２．定型約款の定義

（１）総説

講学上、「約款」とは、契約の一方当事者が多数の相手方との契約に用いるために予め作成し、定式化された契約条項の一群と定義されたり[2]、多数の取引に対して一律に適用するために事業者により作成され、あらかじめ定型化された契約条項と定義されたりしてきたが[3]、新法における「定型約款」は旧法

---

1 改正前の約款に関する議論について整理するものとして、詳説375頁以下〔浅田隆執筆〕、沖野眞已「約款の採用要件について―「定型約款」に関する規律の検討―」星野英一先生追悼論文集『日本民法学の新たな時代』（有斐閣・2015年）531頁以下等がある。また、本書においては紙幅の都合上詳述することができないが、約款の法的性質については、さしあたり森田修「約款規制：制度の基本構造を中心に（その１）」法教432号93頁以下、河上正二「約款による契約」法セミ739号77頁以下、吉川吉衞『定型約款の法理―類型付けられた集団的意思のあり方―』（成文堂・2019年）63頁以下等参照。

2 詳解395頁〔大澤彩執筆〕。

3 潮見佳男『民法総則講義』（有斐閣・2005年）86頁。

下において一般に用いられてきた用語法としての「約款」よりは狭い概念である。具体的には、①ある特定の者が不特定多数の者を相手方として行う取引であって（以下「当事者要件」という。)、②その内容の全部又は一部が画一的であることがその双方にとって合理的なもの（以下「画一性・合理性要件」という。）を「定型取引」と定義した上で、③定型取引において、契約の内容とすることを目的として（以下「補充目的要件」という。）当該特定の者により準備された条項の総体（複数の契約書から構成される場合やインターネットサイトにおいて複数のページまたは箇所から構成される場合も含む[4]。）を「定型約款」と定義している（新法第548条の２第１項柱書き）[5]。事業者・消費者の区別がなく、事業者間で用いられる契約書上の条項も、上記要件を満たせば「定型約款」に該当する。

なお、定型約款に関する経過措置（附則第33条）は、他の経過措置よりも新法の適用範囲を拡張しており、原則として[6]、旧法下において締結されたものについても、定型約款の定義に該当するものについては、新法施行後には新法の規律が適用されることに注意が必要である。

---

4 この点につき、丸山絵美子「定型約款をめぐる問題」法教468号87頁。

5 なお、通常は問題とならない要件であるが、「その特定の者により準備された条項」であるかどうかが問題となる場合もある。すなわち、建物の賃貸借契約書やスポーツジムの利用契約などの契約金額や契約期間等が空欄で、契約当事者ごとに補充することが想定されている契約条項については、「その特定の者により準備された条項」にあたらず、定型約款該当性が否定されるものと解されるが、料金の設定や契約期間の判断が実際上定型化されている場合（例：携帯電話の通信サービス契約）であれば、空欄部分の補充が必要であったとしても定型取引該当性は必ずしも否定されない（この点につき、定型約款Ｑ＆Ａ26頁。)。

6 新法施行日までに当事者の一方が書面又は電磁的記録によって反対の意思表示をした場合に限り、当該契約については引き続き旧法の規律に従うものとされている。

（2）当事者要件について

特定の者（定型約款準備者）が「不特定多数の者」を相手方として行う取引とは、取引の相手方の個性を重視せずに行う取引を意味するものと解されている[7]。この要件により、企業が複数の労働者（たとえ多数であっても、個性が重視される。）と締結する労働契約が定型約款から除外されることが指摘されている[8]。

この点、一定の集団に属する者との間でのみ行われる取引であるとしても、それだけで直ちに当事者要件を充足しないと解されるわけではなく、相手方の個性に着目せずに締結される取引であれば、当事者要件を満たすものと解される[9]。また、当事者の個性に着目する部分があるとしても、それが形式的な審査やスクリーニングを行うに過ぎない場合には当事者要件を満

---

7 一問一答243頁、潮見・概要225頁等参照。なお、この文言は、相手方の個性に着目する取引を除外することにより、事業者間取引（B2B取引）を可能な限り除外することを企図して導入された要件であり、「不特定」「多数」と文節的に解釈するのではなく、前記趣旨に鑑みて、「相手方の個性に着目した取引でないこと」という意義と解すべきと思われる（この点につき、詳説394頁以下〔浅田隆執筆〕参照)。また、不特定多数を相手方とするという文言にこだわる実益はなく、労働契約を適用除外とする趣旨であると理解し、労働契約以外の契約類型であっても労働契約と同様に定型約款規制になじまないものがある場合には、併せて定型約款規制の対象外とする趣旨であるにとどまるとする指摘として、山下友信「定型約款」安永正昭ほか監修『債権法改正と民法学Ⅲ 契約⑵』（商事法務・2018年）142頁参照。

8 一問一答243頁、定型約款Q＆A61頁。

9 一問一答244頁、詳説394頁以下〔浅田隆執筆〕。なお、立案担当者は、契約締結条件が「独身者」に限定されるいわゆる婚活サービスを「一定の集団に属する者との間でのみ行われる取引」の例に挙げ、当該契約において、当該条件は契約締結の最低限の条件を定めるに過ぎず、その条件を満たす限り基本的に契約を締結する（換言すれば、当該条件以外に特段、当事者の個性に着目しない）のであれば、当事者要件は充足すると説明する。

たすものと解される。例えば、典型的な約款取引である預金取引であっても、相手方が反社会的勢力に該当しないことや、既に預金口座を保有していないことについて審査を行うし、住宅ローン取引においても、ローン申込者（相手方）の職業や収入、購入物件等について個別の審査を行うが、これらが相手方の個性に着目するものとして定型約款から除外されるとは解されない[10]。

また、事業者間の契約であっても、その一事をもって直ちに定型約款該当性が否定されるものではなく、例えば、一般的に普及しているワープロ用ソフトウェアをオンラインで購入する場合の規約は、相手方によって契約内容を変更することはなく、画一的な内容で締結されるため（この画一化は契約当事者双方にとって合理性を有するものと思われる。）、定型約款に該当するものと解されている[11]。

以上のとおり、当該契約ごとに、契約の相手方の個性に着目した契約か否かを具体的に検討することが肝要である[12]。

10 以上の点につき、practical金融法務274頁。

11 この点につき、部会資料78B・15頁以下参照。

12 定型約款該当性を検討・整理するものとして、定型約款Q＆A48頁以下、嶋寺基編著『新しい民法と保険実務』（保険毎日新聞社・2019年）13頁以下〔小森悠吾執筆〕、重要論点24頁以下〔青山大樹執筆〕等がある。

13 ここにいう交渉の余地がないという意義は、当事者の交渉力格差によって交渉の余地が生じない場合を意味するものではない点には注意を要する（この点につき、一問一答247頁、第192回衆議院法務委員会議事録第15号10頁以下〔小川政府参考人発言〕等参照)。「双方にとって合理的」といえるためには、商品やサービスの供給者側の都合のみで画一的処理が行われているのではなく、（程度の差はあれ）取引の相手方も何らかの利益を直接又は間接に享受していると客観的に評価することができるものであることを要するものと思われる（この点につき、practical金融法務275頁)。

（3）画一性・合理性要件について

取引の「内容の全部又は一部が画一的であることがその双方にとって合理的なもの」とは、多数の相手方に対して同一の内容で契約を締結するのが通常であり、かつ、相手方が交渉を行わず、一方当事者が準備した契約条項の総体をそのまま受け入れて契約の締結に至ることが取引通念に照らして合理的である（交渉による修正や変更の余地がない[13]）ことを意味するものと解されている[14]。やや敷衍すれば、多数の顧客が存在するか、契約締結にどの程度の時間をかけることが想定されているかを考慮して、相手方が契約内容の変更を求めずに契約を締結することが合理的といえるか否かによって判断されるものと解される。例えば、鉄道利用契約において、顧客ごとに契約内容を変え得るとすれば、迅速かつ安価なサービス提供に支障が生ずるため、契約内容を画一的に扱うことによって、相手方である鉄道利用者一般も（直接又は間接に）利益を享受しているものと評価できる[15]。

また、事業者間取引において雛形が用いられる場合、雛形どおりで契約するかは当事者の交渉によって決まるのが通常であり、このことは、当事者の一方にとっては雛形によって取引の内容を画一化することについて利点があるものの、他方当事者

14 潮見・概要225頁。なお、多くの相手方との間では、当初準備した契約条項どおりの内容で契約を締結するが、一部の相手方との間でのみ、その一部を修正又は変更して契約を締結する場合もあり得るところ、そのような場合でも、当該取引の重要部分につき画一的であることに当事者双方にとっての合理性が認められるか否か、当該取引が「不特定多数の者を相手方として行う取引」であるかを検討し、当該取引の定型取引該当性を判断することとなる。その際には、その条項が当該取引においてどの程度の重要性を有するか、一部の相手方との間で他と異なる合意をする理由や頻度等の事情を総合的に考慮することとなる（この点につき、定型約款Q＆A31頁、一問一答244頁参照）。

15 一問一答245頁。

にとっては必ずしもそうでないことを意味するため、このような場合の契約書の雛形は、「双方にとって」の要件を満たさず、画一性・合理性要件を充足しないものと解されている[16]。

いかなる基準によって契約内容が画一的であることの合理性を判断するかについては今後の議論に委ねられる部分もあるが[17]、契約の性質上その内容が画一的でなければならない場合か否か（例：保険契約）、取引金額・契約交渉コストに鑑みて相手方ごとに内容を変更することが想定されない取引か否か（例：鉄道利用契約）、といった点を考慮することになるものと思われる[18]。

（４）補充目的要件

上記のとおり、定型約款は「契約の内容とすることを目的として」準備された条項の総体であると定義されており、この要件により、相手方が内容を検討した上で契約内容として定める

---

16 一問一答247頁。他方で、当事者が何ら修正することなくそのまま用いることが想定されている場合で、契約内容の画一化が、当事者双方にとって合理性を有していれば、定型約款に該当し得る。立案担当者によれば、事業者間取引において用いられる契約書の雛形が定型約款に該当することは基本的にないとされており、本文でもこの見解を前提としているが（定型約款Ｑ＆Ａ46頁）、法制審議会における審議過程において、事業者間契約を定型約款規制の対象から除外するべきであるという主張や、雛形を用いた契約については規制対象から除外すべきとする主張が最終的に退けられ、事務局から雛形を用いた契約について定型約款からは当然には除外しない旨の補足説明がなされるに至った経緯があるため（事業者間での定型的な契約条項が定型約款に含まれ得ることへの懸念を指摘するものとして、第11回議事録８頁以下、29頁〔岡本委員発言〕や第50回議事録33頁〔大島委員発言〕があり、その後、契約書の雛形であっても定型約款に該当し得るとの意見が改めて提示され（第67回議事録36頁〔山本（敬）幹事発言〕）、同趣旨の補足説明がなされている（第67回議事録45頁以下〔筒井発言〕））。立案担当者の上記見解の是非につき、今後、議論となる可能性もある。また、明文の規定から直ちに導出することはできないことを自認しつつも、約款を使用して画一的な取引をすること自体は一般的に双方当事者にとって合理的であるという前提の下、事業者間で少しでも交渉の可能性がある場合には当該雛形等が定型約款から除外されるとする指摘もある（この点につき、山下・前掲注７）140頁以下参照。）。

ことを受け入れることとなる契約条項は除外されるものと説明されるが[19]、この要件により定型約款該当性が否定される事例は多くないものと思われる[20]。

（5）小括

上記のとおり、今後の議論が俟たれる部分も多いが、定型約款に該当すれば、後述する不当条項規制や定型約款の変更等に関する新法の規律が及ぶこととなるので、債権法改正を契機として契約書の改定等を検討する際には、契約類型によっては、当該契約書が定型約款に該当しないかの検討が必要になる。加えて、定型約款に該当し得る規約を改定等する場合において、当該規約中に、それとは異なる規程に従う旨の条項がある場合（例：「…については、当社所定の規程に従うものとします」との条項）には、当該規程自体も定型約款に該当する可能性があるため、別途の検討を要する点に留意が必要である[21]。

---

17 定型約款に該当するためには、その契約条項の総体が利用される取引の「内容の全部又は一部が画一的であることがその双方にとって合理的なもの」である必要があるが、「一部が画一的」という文言は、当該取引の細部について画一化の要請があれば足りるとするものではなく、契約条項のごく一部が画一的でないからといって定型約款該当性が否定されることを回避する趣旨であるから、当該取引の重要部分のほとんどについて強い画一化の要請がある存在する場合に限って、定型取引該当性が認められるものと解される（この点につき、一問一答243頁以下、定型約款Q＆A33頁。）。

18 この点につき、重要論点30頁以下〔青山大樹執筆〕参照。なお、契約管理コストの転嫁回避を相手方の利益と解釈することが許容されれば、画一性が認められる場合には同時に合理性も認められることとなり得る旨の指摘がなされており、契約管理コストの転嫁回避等の利益についても、その程度を勘案して判断する必要があることに加え、別途、取引規模も考慮する必要があるように思われる（この点につき、丸山・前掲注4）87頁・脚注14）参照。）。

19 山野目171頁参照。

20 このような指摘として、重要論点34頁〔青山大樹執筆〕がある。

21 この点につき、定型約款Q＆A40頁以下参照。

３．定型約款による契約の成立（いわゆる組入れ要件）

（1）みなし合意に関する規律

定型約款に該当する場合、当該定型約款の内容を当事者間における定型取引の内容とするためには、①「定型約款を契約の内容とする旨の合意」（新法第548条の２第１項第１号。以下「１号合意」という。）をするか、②「定型約款を準備した者…があらかじめその定型約款を契約の内容とする旨を相手方に表示」（同項第２号。以下「２号表示」という。）することが必要になる[22]。これにより、定型約款の個別の条項に合意したとみなされる（契約内容に組み入れられることから、「組入れ要件」と呼称されることがある。）というのが、約款による拘束力の根拠としてのいわゆる契約説を前提とした新法の制度設計である[23]。

まず、１号合意は、単に約款が定型取引の内容となる旨の合意で足りると解され（「当社が作成する約款が適用されます」

22 契約相手方に表示することさえ困難であるという一定の取引について、特別法により公表で足りると定められている場合もある（たとえば、鉄道営業法第18条の２等。）。

23 １号合意と２号表示の関係について、前者を積極的同意型、後者を消極的同意型と整理し、１号合意を基本とすべきとする見解（沖野眞已「『定型約款』のいわゆる採用要件について」消費者法研究３号124頁）や、前者を定型取引成立後に定型約款を組み入れる場合も対象とする包括的規定、後者は実務上の典型例である黙示の合意による組入形態に関する部分的規律とする見解（山本豊「改正民法の定型約款に関する規律について」深谷格・西内裕介編著『大改正時代の民法学』（成文堂・2018年）398頁）がある。

24 この点につき、定型約款Ｑ＆Ａ68頁。なお、定型約款の内容の表示請求（新法第548条の３第２項）に関してであるが、１号合意をした時点においては、具体的に契約の内容とする定型約款が存在しない場合も想定し得うるところ、実際に取引が開始される時までに定型約款が作成されていれば、作成された当該定型約款が契約の内容になると解されるが、取引開始以前に相手方から定型約款の開示を求められた場合には、作成され次第速やかに定型約款の内容の表示を行わない限り、「正当な事由」なく表示を拒絶したものと評価され、組入れ要件充足性が否定されることとなる（この点につき、定型約款Ｑ＆Ａ69頁。）。

との内容であっても足りるとされる[24]。)、具体的な約款名まで特定することを要しないとされており[25]、かつ、黙示の合意であってもよいものと解されている[26]。もっとも、紛争化した局面において、１号合意の成立を争われる余地を軽減する意味でも、２号表示による組入れも併せて検討するのが望ましいと思われる。

次に、２号表示であるが、表示すべき内容は、１号合意と同様に、定型約款の内容そのものではなく、定型約款が契約内容となる旨の表示で足りると解されている[27]。なお、㋐「相手方に」表示するという点で「公表」と異なる点[28]、㋑１号合意と異なり、定型取引契約の締結前である必要がある点、㋒１号合意と異なり、当該取引に適用される定型約款が具体的にどの約款であるか他と識別可能な程度に特定されている必要がある点[29]、㋓２号表示の態様として、黙示の同意を観念できる場合に限定され

---

25 詳説410頁。

26 一問一答249頁等。なお、黙示の合意の成否は事実認定の問題に帰着するが、約款の利用が予定された取引であることが法律上も予定されているもののほか、約款が利用されている取引であることが一般的に認知されているといえるものについては定型約款を契約の内容とする黙示の合意があったと認定される可能性が高いとされる（この点につき、定型約款Ｑ＆Ａ78頁。）。

27 定型約款Ｑ＆Ａ71頁・脚注１）、山下・前掲注７）147頁等。なお、山下友信教授は、２号表示による組入れそれ自体は慎重に判断すべきとされ、新たな事業分野における従来はなかったような新しい約款について、内容の開示がなくその予測も困難な場合には組入自体を否定する余地を示唆される。これに対し、２号表示による組入れが認められるためには、約款の内容を示す必要があるとする見解もある（詳解403頁〔大澤彩執筆〕）。

28 ウェブサイト等で定型約款を一般的に公表しておくのでは足りず、取引の際に顧客である相手方の面前で提示されている必要があるとされており（第192回衆議院法務委員会議事録第13号18頁〔小川政府参考人発言〕、沖野・前掲注23）126頁以下）、インターネット上での契約であれば、契約締結画面までの間に画面上で認識可能な状態に置くことが必要であるとされている（一問一答250頁）。

29 この点につき、定型約款Ｑ＆Ａ71頁。

るなどの厳格な解釈が採用される可能性が高い点[30]、には留意が必要である。

（２）みなし不合意に関する規律（いわゆる不当条項等の規制）

新法第548条の２第２項は、１号合意又は２号表示が認められる場合であっても、①相手方の権利を制限し、又は相手方の義務を加重する条項であって、②当該定型取引の態様及びその実情並びに取引上の社会通念に照らして民法第１条第２項に規定する基本原則に反して相手方の利益を一方的に害すると認められるものについては、合意しなかったものとみなすと規定しており、いわゆる不当条項規制と不意打ち条項規制を一本化した規定であると説明される[31]。立案担当者解説においては、不意打ち条項に該当し得るものとして、ある商品についての売買契約の約款に、当該商品の購入後、継続的にその商品の付属品を購入したり、メンテナンスなどのサービスを受けなければならない旨の条項（いわゆる抱き合わせ販売条項）が挙げられている[32]。もっとも、不意打ち的な要素のある条項であれば、常にみなし不合意となるわけではなく、当該条項が顧客に与える不利益の程度・内容のほか、その不利益の程度・内容と顧客が支払う代金との対価関係等も広く考慮されるものと解されており、新規ビジネスにおいて用いられる定型約款の条項について、その内容が予測しがたいことのみを理由として、契約の内容への組入れが否定されることはない[33]。

また、いわゆる給付・対価条項のような契約の中核をなす条

30 潮見・概要227頁、沖野・前掲注１）555頁、一問一答250頁、講義46頁以下等参照。
31 部会資料83―２・39頁、沖野・前掲注１）568頁。
32 定型約款Ｑ＆Ａ91頁・脚注１）参照。
33 この点につき、定型約款Ｑ＆Ａ95頁。

項にも同項や新法第548条の４の規律が及ぶかという点については、見解の対立があるが、立案担当者は適用を認めている[34]。なお、消費者契約法の適用を受ける場合には、同法第10条の規律も重畳的に適用される[35]。

４．定型約款の変更

新法第548条の４によれば、定型約款準備者は、同条第１項各号の要件（実体的要件）を充足し、かつ、その効力発生時期を定めた上で、定型約款を変更する旨及び変更後の定型約款の内容並びにその効力発生時期をインターネットの利用その他の適切な方法により周知[36]した場合（手続的要件）、相手方の個別の同意を

34 定型約款Ｑ＆Ａ38頁以下、詳解406頁〔大澤彩執筆〕、丸山・前掲注４）87頁等は、給付・対価条項等にもみなし不合意規定等の適用があり得るとするのに対し、潮見・新債権総論Ｉ39頁以下及び潮見・概要230頁は、適用対象外であるとする（河上正二「改正民法における『定型約款』規定における若干の問題点」瀬川信久先生・吉田勝己先生古稀記念論文集『社会の変容と民法の課題〔上巻〕』482頁も、契約関係からの離脱可能性のない一方的な給付内容又は対価の変更権を定める条項が無効になる可能性を示唆する。）。

35 みなし不合意に関する規律と消費者契約法10条とは規律が類似するが、①消費者契約法第10条には「法令中の公の秩序に関しない規定の適用による場合に比して」の要素があるが、新法第548条の２第２項にはないこと、②定型約款規制においては「その定型取引の態様及びその実情並びに取引上の社会通念」が考慮要素とされている点に、形式的な差異がある。かかる差異は、消費者契約法第10条は事業者と消費者との間に情報格差・交渉力格差があることに起因して定められ得る不当条項の排除しようとするものであるのに対し、新法第548条の２第２項は相手方が定型約款の個別の条項の内容を認識しないままに取引が行われることに起因する不当条項を排除しようとするものであって、重視される考慮要素が異なる以上、結論に差異が生じる場合もあり得よう（この点につき、定型約款Ｑ＆Ａ106頁、重要論点41頁以下〔青山大樹執筆〕。）。

36 インターネットを利用した周知方法としては、定型約款準備者のホームページにおいて適宜その旨を公表しておくことはもとより、変更の内容によっては、それをわかりやすくトップページに表示する、あるいは、連絡の可能な顧客に対してはその旨を電子メール等で送信するといった方法も検討に値する（この点につき、定型約款Ｑ＆Ａ137頁。）。また、効力発生日までに周知が完了していなければ定型約款の変更の効力は生じず、周知が完了した時点から効力が生ずるものではない点には注意を要する。

得ることなく定型約款の内容を変更することができる[37]。同条第１項は、変更の内容が相手方に有利な変更である場合（同項第１号）と、相手方に何らかの不利益を生ずる場合（同項第２号）に分けて規律している。

まず、同項第１号は、「定型約款の変更が相手方一般の利益に適合するとき」であれば、約款変更を広く許容している。ここにいう相手方一般の利益は、主として経済合理性やサービスの向上性といった観点から判断されよう[38]。

他方、同項第２号は、当該変更が相手方に何らかの不利益を及ぼす場合（不利益変更）を前提に、「契約をした目的に反せず、かつ、変更の必要性、変更後の内容の相当性、この条の規定により定型約款の変更をすることがある旨の定めの有無及びその内容その他の変更に係る事情に照らして合理的なものであるとき」であれば変更を許容する旨規律している。

ここにいう変更の必要性の判断においては、法令の変更、経済情勢の変動、契約管理コストの変動、個別同意を得ることの困難性等が考慮される[39]。また、変更後の内容の相当性の判断においては、変更の必要性に照らしてその内容が適切か（過剰なものとなっていないか）などの観点で判断され、相手方の不利益を軽減する他に採り得る方法等がないことまで要求されるものではないとされているが[40]、より具体的な判断方法等については、今後の議論に委ねられている。

---

37 かかる規律の趣旨及び正当化根拠等については、定型約款Ｑ＆Ａ125頁、石川博康「契約改訂規範としての定型約款変更法理の特質とその理論的定位」現代消費者法39号37頁以下等参照。

38 一問一答259頁参照。

39 一問一答260頁、定型約款Ｑ＆Ａ128頁以下。

40 定型約款Ｑ＆Ａ129頁。

また、「この条の規定により定型約款の変更をすることがある旨の定め」、すなわち定型約款の「変更条項」の有無については、単に定型約款を変更することがある旨を規定しておくのみでは、約款変更の合理性を基礎づける事情として斟酌されないとされているので[41]、定型約款に該当する可能性が認められる約款を作成する場合には、変更の可能性や変更があり得る事由を列記して規定しておく必要がある。

そして、「その他の変更にかかる事情」として、当該変更により生ずる不利益の程度（例えば、料金の値上げを行う場合であれば、当該変更に係る合理性審査は厳格化するものと思われる[42]。)、当該不利益の回避可能性、当該不利益の低減措置の有無、同業他社が顧客に課している負担との差異、当該契約からの離脱可能性[43]等が考慮され得るところである[44]。

41 一問一答260頁。約款変更条項を定めておくこと自体は定型約款の変更の要件とはされていないので、約款変更条項を設けていないとしてもそのことから直ちに変更が否定されることにはならないが、実務的には、不利益変更が許容される余地が相当程度狭まることになるものと思われる。

42 このような指摘として、定型約款Ｑ＆Ａ131頁以下、丸山・前掲注４）91頁。

43 相手方に解除権等を付与しつつも、高額の違約金条項が定められている場合であれば、変更につき消極的な要素となる（一問一答261頁)。また、当該契約から離脱する機会が付与されているかを重視するべきとの指摘もなされているところであり（このような指摘として、丸山絵美子「『定型約款に関する規定と契約法学の課題』」消費者法研究３号170頁、河上正二「民法改正案の『定型約款』規定と消費者保護」法教441号34頁参照。)、変更に関する定めを設けるにあたっては、当該契約からの離脱可能性が確保されているかの検討は重要であろう。

44 一問一答260頁以下、重要論点43頁以下〔青山大樹執筆〕参照。

５．実務上の留意点

新法の下で、定型約款に該当する約款は相当程度限定され、とりわけ事業者間取引において用いられる契約書の雛形に新法下の定型約款規制が及ぶ例は多くないと思われる。しかしながら、単に事業者間取引であるというだけで定型約款に該当しないと判断されるものではなく、ある程度汎用性のある契約書等の作成等を行う場合には、当該契約書等が定型約款に該当するか否か、都度確認する必要がある。

当該契約書等が定型約款に該当する場合には、次に、当該契約書等の定型取引への組入れが適法にできているかを検証する必要がある。この点に関する２号表示の意義は厳格に解され、かつ、時期的制限もあるので、定型約款準備者としては、可能な限り、１号合意による組入れを検討するべきといえよう[45]。加えて、具体的な内容のある変更条項が定められておらず、定型約款準備者において、将来的に定型約款の変更を行う可能性がある場合には、どういった条項がどういった事由により変更され得るのか等をできる限り特定し、かつ、変更を周知する方法や期間等も含め、できる限り具体的な変更条項を追記することは、実務的には必須といえよう。

このほか、定型約款準備者は、相手方からの請求があった場合には 、遅滞なく、相当な方法[46]で定型約款の内容を表示しなければならないとの規律も設けられており、違反すると、みなし合意の規定の適用を受けられない等の不利益がある（新法第548条の

---

45 例えば、「貴社所定の～約款を承認の上、本契約の申込みをします。」といった記載のある申込書に署名を得ることが考えられる（遠藤元一編著『債権法改正契約条項見直しの着眼点』（中央経済社・2018年）140頁参照）。

46 インターネット環境を有しないような相手方に、定型約款準備者のホームページの閲覧を求めるような方法は、相当ではないと考えられている（一問一答256頁）。

3）。実務的には、定型約款準備者において、顧客等定型取引の相手方への対応窓口業務の一環として、定型約款の内容の表示に関するマニュアルを作成しておくなどの対応も必要と考えられる。

コラム

“定型約款内に規定された準拠法を外国法とする条項”

組入れ要件を満たす定型約款内に「この約款に基づく契約についての準拠法は、ドイツ法とする。」というような条項があった場合、果たしてその契約は、新法の定型約款の規律の適用を受けるのであろうか。

この点に関しては、審議会や国会で正面から議論された形跡はないが、法の適用に関する通則法第７条、第８条に照らして検討される問題であると考えられる。当該定型約款に定める準拠法条項が、法律行為の成立及び効力双方のものといえるのか、あるいは効力に関するものだけで、成立に関しては密接関連地法によると解釈すべきか、今後の議論が俟たれる。

第3章 付録

1．はじめに

本付録は、旧法を前提に作成されている定型約款の一部の条項につき、本章での検討を踏まえて、実際に修正を試みたものである。個別具体的な事案や、当事者の交渉力の差異等によって、実際の事案での定型約款の修正は千差万別となり得るが、ここではやや抽象的な事案を前提に、新法を踏まえた定型約款修正の一例を提示することを試みている。

2．定型約款

（1）設例

設例として、インターネットのクラウドサービス等を提供している甲（定型約款準備者）と、顧客（乙）との当該サービス提供に関する定型取引を念頭に、既存の約款（新法上の定型約款に該当することを前提とする。）における変更条項を、新法に依拠した変更条項とする場合の規定例を以下に示すこととする。なお、この約款には、顧客による中途解約の場合、一定額の違約金が発生する条項があるものとする。

（２）既存の約款における変更条項とその修正例

既存の約款における変更条項の例
第●条（内容、規約の変更） 甲は、乙の認識にかかわらず、乙の承諾を得ることなく、いつでも本規約の内容を変更することができます。この場合、本規約の内容は、変更後の内容によります。甲は、本規約の規定のうち重要な部分を変更する場合に限り、甲が別途定める方法で乙に事前に通知するものとします。乙が変更の内容に同意されない場合には、甲は本サービスを引き続き提供する義務を負わず、乙は、当該変更が効力を生じる日までに本サービスを解約し、ご利用を中止しなければなりません。乙が解約を行わない場合、変更後の契約条項が乙に適用されます。

修　正　例
第●条（内容、規約の変更） 甲は、乙の認識にかかわらず、乙の利益となる場合、あるいは、乙の不利益となる場合であっても、経済情勢の変動、雇用環境の変化、為替の変動、電気料金、通信料金、サーバの管理費用、その他本サービスの提供に通常必要となる諸費用の額の変動、本サービスに関する法規制や行政指導等の改正や変更、本サービスに代わるサービス提供（甲による場合に限らない。）の有無、天変地異や紛争等の不可抗力、労働争議の発生、その他本サービスに関する一切の事情に鑑み、本サービスの安定かつ継続的な提供という本規約に基づく取引の目的を達することが困難と判断される場合には、乙の承諾を得ることなく、いつでも本規約の内容を変更することができます。この場合、本規約の内容は、変更後の内容によります。甲は、~~本規約の規定のうち重要な部分を変更する場合に限り、甲が別途定める方法で乙に事前に通知するものとします。~~本規約の変更を行う場合には、乙に対し、登録メールアドレスにメールを送付するほか、甲のホームページで告知する方法で、変更が効力を生じる日を明示して、事前に通知するものとします。変更の内容が乙に不利益を与える場合で、乙が変更の内容に同意されない場合には、甲は本サービスを引き続き提供する義務を負わず、乙は、当該変更が効力を生じる日までに本サービスを解約し、ご利用を中止しなければなりません。この解約に当たっては、本規約第★条に定める解約違約金は発生しないものとします。乙が、当該変更が効力を生じる日までに解約を行わない場合、変更後の契約条項が乙に適用されます。 【コメント：不利益変更があり得る旨及び想定し得る不利益変更事由を列記した上で、顧客の注意喚起を促すことで、変更の合理性をできる限り基礎づけるために、告知の方法を複数にするとともに条項内に明記し、合わせて、変更に同意しない場合に無償での契約関係からの離脱を可能にした規定例である。後日、不測の変更事由が生じた場合に備える観点から、「その他本サービスに関する一切の事情」などというように、いわゆるバスケットクローズの形を採用している。】☜ 本章４、５

第4章　賃貸借契約

1．はじめに

今般の債権法改正において、賃貸借契約についても種々の改正がなされたが、そのほとんどが従来の判例・通説において認められてきたことの明文化であり、それゆえ、今回の債権法改正に当たって、従前の賃貸借契約書から改定すべき事項は多くはない。改正された事項は、大要下表のとおりであるが、本章ではそのうち、当該改正によって契約書の見直しを求められると思われる事項に限って概説することとし、章末に、参考として、旧法を前提に作成された建物賃貸借契約書について、新法を踏まえた修正例を示すこととする。

＜賃貸借契約に関する改正事項＞

	改　正　事　項	条　文	新規ルールの創設
1	契約終了時の返還約束が契約の要素	601条	—
2	短期賃貸借契約の主体に関し、「処分につき行為能力の制限を受けた者」を削除	602条	—
3	存続期間を50年間に延長	604条	○
4	対抗力ある賃借権付き不動産の譲渡による賃貸人たる地位の移転の明文化	605条の２①	—
5	合意による賃貸人たる地位の留保	605条の２②	○
6	新賃貸人の賃貸人たる地位を賃借人に対抗する要件の明文化	605条の２③	—

[1] 旧法下と同様、新法下においても、賃借権につき対抗要件を具備していない場合であっても、不法占拠者に対しては、不動産賃借権に基づく妨害排除請求が認められるものと解されている。また、本条によっても、不動産賃借権に基づく妨害予防請求権までは認められないものと解されている（以上の点につき、潮見・概要298頁）。

7	合意による賃貸人たる地位の移転	605条の３	—
8	対抗力ある賃借権に基づく妨害排除請求権・返還請求権[1]	605条の４	—
9	賃借人に帰責性がある場合の賃貸人の修繕義務の否定	606条①	—
10	賃借人の修繕権	607条の２	○
11	賃貸目的物の一部滅失等に関する賃料の減額及び解除	611条	○
12	転借人の原賃貸人に対する義務	613条①	—
13	原賃貸借契約の合意解除を転借人へ対抗することの制限	613条③	—
14	賃貸目的物の全部滅失等による終了	616条の２	—
15	通常損耗等を除き、賃借人に帰責性がある場合に限っての原状回復義務	621条	—
16	敷金に関する規律の明文化	622条の２	—

２．賃借人の修繕権に関する条項について

旧法下においても、賃借人の必要費償還請求権を定める旧法第608条第１項等を解釈の拠り所とし、一定の場合には賃借人自らが賃貸目的物たる建物等の修繕をする権限を有するとの見解もあったが[2]、原則的には、賃借人には賃貸目的物を修繕する権限はないものと解されてきた。

しかし、それだと賃借人が著しい不利益を被る場合があり得るため、新法第607条の２により、賃借人が賃貸目的物の修繕を行うことのできる場合として、①賃借人が賃貸人に修繕が必要である旨通知し、又は賃貸人がその旨を知ったのに、相当期間内に必要な修繕をしないとき、②急迫の事情があるとき、の２つが明文化され、従来の原則的なデフォルトルールが変更されている。

---

2 このような見解として、星野英一『借地・借家法』（有斐閣・1969年）613頁参照。

現在、一般的に締結されている賃貸借契約において、賃借人による修繕に関する規定が設けられている場合も一部あろうと思われるが、何らの手当もない賃貸借契約も多いものと思われる。この場合、上記改正に鑑みれば、例えば、事業用建物について、賃貸人として、修繕業者や修繕方法を限定したいと望む場合などに、特約を規定せずデフォルトルールの規律に拠ったのでは、賃貸人の希望は必ずしも達成できない。

そこで、賃貸人の立場からは、賃借人の修繕権の全部又は一部を制限する規定を設けることや、賃貸人の想定しない方法での修繕がなされることを防止する趣旨で、賃借人による修繕に際しては、実施前の通知や事前協議を義務付け、かかる義務に違反した場合に、賃貸人は費用償還義務を負わないとする内容の条項を設けること等を検討する必要があろう[3]。

3．賃貸目的物の一部が使用収益できなくなった場合の賃料の減額及び解除権に関する条項について

旧法第611条第１項は、「賃借物の一部が賃借人の過失によらないで滅失したとき」の賃料の減額について、同条第２項は、かかる場合において契約目的を達成できないときの賃借人の解除権について、それぞれ定めている。

他方で、新法第611条第１項及び第２項では、賃料の減額及び解除事由に、一部滅失のほか、「その他の事由」が追加されたため、デフォルトルールが変更されたとも解し得る。「その他の事由」の意義は必ずしも明確ではないので[4]、契約書に何らの手当もし

[3] このような指摘として、大澤加奈子「改正後の条項例から考える契約書ひな形見直しのポイント 賃貸借契約書」ビジネス法務17巻９号27頁、日本弁護士連合会編『実務解説改正債権法』（弘文堂・2017年）437頁がある。

ない場合、解除原因等の有無につき、紛争リスクを残すことになる。

また、新法第611条第２項は、「賃借物の一部が滅失その他の事由により使用及び収益をすることができなくなった場合」と定めており、目的物の一部滅失等が賃借人の責めに帰すべき事由による場合においても、賃借人による解除を認める規律に改められた点もデフォルトルールの変更の１つである[5]。

以上のような改正点を踏まえると、賃貸人の立場からは、賃借人の賃料減額請求権のうち目的物の一部滅失以外の場合について制限する条項を設けたり、賃借人の解除権のうち、賃借人の責めに帰すべき事由による場合や、一部滅失以外の場合について制限する条項を設けたりするなど、デフォルトルールの特約条項を設ける必要があろう。

【旧法】
（賃借物の一部滅失による賃料の減額請求等）
第611条　賃借物の一部が賃借人の過失によらないで滅失したときは、賃借人は、その滅失した部分の割合に応じて、賃料の減額を請求することができる。
２　前項の場合において、残存する部分のみでは賃借人が賃借をした目的を達することができないときは、賃借人は、契約の解除をすることができる。

４．その他の留意点

上記のほか、第１章で言及したとおり、賃料債務の連帯保証（個人根保証）に関する条項に関しては、極度額の定めがなくとも基本的には新法施行後に問題が生じることはない。

4 「その他の事由」の具体例としては、物理的に壊れてはいないものの、立入禁止区域になったような場合が挙げられる（この点につき、部会第79回議事録〔鎌田部会長及び住友関係官発言〕参照。）。
5 一問一答323頁、詳解475頁〔吉政知広執筆〕。

また、従前の判例法理を明文化したにとどまるが、原状回復の範囲について、新法第621条は「通常の使用及び収益によって生じた賃借物の損耗並びに賃借物の経年変化を除く」との規定を設けた。後の紛争を防止する観点から、原状回復の範囲から除外される通常損耗や経年劣化の範囲について具体的内容を列記する等の対応は、特に事業用賃貸借契約書において兼ねてから行われてきたものと思うが、従前と解釈が同じでも、明文化されたことにより、広く一般に原状回復の範囲が明らかになるため、賃貸人の立場に立った場合に、上記のような対応を行う必要性はより高まったものと思われる。

加えて、旧法下において敷金に関する規定は民法典に存在せず、各当事者は、集積された判例法理を前提として契約していたものと思われるが、新法第622条の２第１項において敷金の定義が定められたことに伴い、契約書上の「保証金」等の敷金性に疑義を伴う文言を「敷金」に改めることも検討に値しよう。

このほか、賃貸借契約も有償双務契約の一形態であるので、第１章で検討した通則的事項や、第２章で検討した売買基本契約に関する事項（契約不適合責任、利率等）は、賃貸借契約書の作成等においても、あわせて検討が必要になる。また、賃貸事業者の準備する賃貸借契約書の雛形は、定型約款と解釈される可能性もあるので[6]、今般の新法に導入された定型約款規制にも留意する必要がある。

[6] この点につき、重要論点26頁〔青山大樹執筆〕参照。

“賃借人による修繕を一切認めない条項の有効性について”

上記のとおり、今般の債権法改正において、一定の場合における賃借人の修繕権が明文化されたが、賃貸人の予期せぬ方法あるいは望まない方法による修繕を回避するためには、賃借人による修繕を一切認めない旨の特約を設けることが、最も簡便な方法といえそうである。

他方で、今般の改正により賃借人の権利として規定が新設されたという経緯に鑑みれば、かかる権利の一切を賃借人から奪う特約の有効性については、疑義なしとしない。

管見の限り、このような内容での特約の有効性に関する議論は見当たらないので、賃借人による修繕を一切認めない旨の特約を設けることには慎重になる方が無難であろう。

したがって、少なくとも現時点では、賃借人による修繕を限定したい賃貸人としては、回避したい修繕方法を検討し、契約書上に列記するなどして、修繕方法等の限定と評価される限度で特約を設けておくのが望ましいと思われる。

“他の賃借人による騒音被害と民法611条の適用について”

上記のとおり、今般の債権法改正において、賃料減額事由及び解除原因に、一部滅失のほか、「その他の事由」が追加されたが、「その他の事由」の意義は必ずしも明確ではない。

「その他の事由」に含まれるか否かが、今後解釈上問題となると思われる例として、集合住宅における他の賃借人による騒音被害が考えられる。

この点について、東京地判平成15・3・31・LLI/DB判例秘書搭載（判例番号：L05831490）は、大要、他室の居住者の騒音被害による生活妨害等に賃貸人が対応しないことは、通常目的物の一部滅失と同視されるものではないため、当然には民法第611条が類推適用されるとはいい難く、類推適用が許される場合がありうるとしても、少なくとも、相当期間にわたって一定時間客観的に受忍限度を超えた騒音が続く状態であるなど、物理的にも一部使用不能状態が明らかであることが必要であると判示している 。

かかる判示は旧法を前提とするものであるが、新法においては「その他の事由」という文言が追加されたため、民法第611条の直接適用があるという解釈がなされる余地もあるように思われる。

したがって、少なくとも新法下における解釈が必ずしも確立していない現時点では、賃借人による賃料減額事由又は解除事由を限定したい賃貸人としては、他の賃借人による騒音が賃料減額事由又は解除事由に含まれないことを契約書上に明記するなどしておくのが望ましいといえよう。

1．はじめに

本付録は、旧法を前提に作成されている建物賃貸借契約書につき、本章での検討を踏まえて、実際に修正を試みたものである。個別具体的な事案や、当事者の交渉力の差異等によって、実際の事案での契約書修正は千差万別となり得るが、ここではやや抽象的な事案を前提に、新法を踏まえた契約書修正の一例を提示することを試みている。

2．建物賃貸借契約書

（1）設例

賃貸業を営んでいる甲は、新法が施行されて以後も、疑義なく運用できる賃貸借契約書とすべく、施行に先立って、現在、各ユーザーとの間で締結している事業用建物の賃貸借契約書雛形を改定することにした。以下では、このような甲の立場に立ち、賃貸借契約書の修正を試みている。

（２）既存の契約書とその修正例

既存の契約書

建物賃貸借契約書

●●（以下「賃貸人」という。）と、●●（以下「賃借人」といい、賃貸人及び賃借人を個別に又は総称して以下「本当事者」という。）及び●●（以下「連帯保証人[1]」という。）とは、次のとおり建物賃貸借契約（以下「本契約」という。）を締結する。

第１条（賃貸建物の表示）
賃貸人は、賃借人に対し、下記表示の建物（以下「本建物」という。）を賃貸し、賃借人はこれを賃借する。

記

（本建物の表示）

所　在	大阪市北区●●●
家屋番号	●●番●●
種　類	●●
構　造	●●
床面積	●●平方メートル

第２条（使用目的）
賃借人は、本建物を事務所として使用し、他の目的で使用しないものとする。

第３条（賃貸借期間）
本契約の賃貸借期間は、本契約締結日から３年間とする。但し、賃貸借期間は、期間満了の６か月前までに本当事者のいずれからも別段の書面による申入れのない場合には、本契約は同一の条件（但し、賃貸借期間を除く。）で自動的に２年間更新され、以降も同様とする。

[1] 連帯保証人が賃借人の代表取締役であることを念頭に置いている。

修　正　例

建物賃貸借契約書

●●（以下「賃貸人」という。）と、●●（以下「賃借人」といい、賃貸人及び賃借人を個別に又は総称して以下「本当事者」という。）及び●●（以下「連帯保証人」という。）とは、次のとおり建物賃貸借契約（以下「本契約」という。）を締結する。

第１条（賃貸建物の表示）

賃貸人は、賃借人に対し、下記表示の建物（以下「本建物」という。）を賃貸し、賃借人はこれを賃借する。

記

（本建物の表示）

所　　在	大阪市北区●●●
家屋番号	●●番●●
種　　類	●●
構　　造	●●
床 面 積	●●平方メートル

第２条（使用目的）

賃借人は、本建物を事務所として使用し、他の目的で使用しないものとする。

第３条（賃貸借期間及び賃貸借契約の更新）

本契約の賃貸借期間は、本契約締結日から３年間とする。但し、賃貸借期間は、期間満了の６か月前までに本当事者のいずれからも別段の書面による申入れのない場合には、本契約は同一の条件（但し、賃貸借期間及び第18条の規定を除く。）で自動的に２年間更新され、以降も同様とする。

第４条（賃料）
1　本建物の賃料は月額金●円（消費税別）とし、賃借人は賃貸人に対し、毎月末日までに翌月分を賃貸人の指定する銀行口座（以下「本件口座」という。）に振り込んで支払う。振込手数料は賃借人の負担とする。
2　１か月に満たない期間の賃料又は月の中途において賃料に増減があった場合には、当該月の日割計算によるものとし、１円未満の端数は切り捨てる。
3　本当事者は、第１項に定める賃料が、経済事情の変動、公租公課その他の負担の増減、近隣建物の賃料との比較等により不相当となったときは、第３条に定める賃貸借期間中であっても、相手方に対し、賃料の増減額の請求をすることができる。

第５条（共益費）
1　賃借人は、前条に定める賃料のほかに、共用施設の維持管理経費に充てるため、共益費として月額金●円（消費税別）を、賃貸人に対し、毎月末日までに翌月分を本件口座に振り込んで支払う。振込手数料は賃借人の負担とする。
2　１か月に満たない期間の共益費又は月の中途において共益費に増減があった場合には、当該月の日割計算によるものとし、１円未満の端数は切り捨てる。
3　本当事者は、第１項に定める共益費が、共用施設の維持管理経費の増減により不相当となったときは、第３条に定める賃貸借期間中であっても、協議のうえで、共益費を改定することができる。

第６条（敷金）
1　賃借人は、本契約に基づく賃借人の債務を担保するため、本契約締結日に、敷金●●●円を賃貸人に対し預託する。

2　敷金には利息を付さないものとする。
3　賃借人は、敷金をもって賃貸人に対する一切の債務の弁済に充当することを主張できないものとする。

第４条（賃料）

１　本建物の賃料は月額金●円（消費税別）とし、賃借人は賃貸人に対し、毎月末日までに翌月分を賃貸人の指定する銀行口座（以下「本件口座」という。）に振り込んで支払う。振込手数料は賃借人の負担とする。

２　１か月に満たない期間の賃料又は月の中途において賃料に増減があった場合には、当該月の日割計算によるものとし、１円未満の端数は切り捨てる。

３　本当事者は、第１項に定める賃料が、経済事情の変動、公租公課その他の負担の増減、近隣建物の賃料との比較等により不相当となったときは、第３条に定める賃貸借期間中であっても、相手方に対し、賃料の増減額の請求をすることができる。

第５条（共益費）

１　賃借人は、前条に定める賃料のほかに、共用施設の維持管理経費に充てるため、共益費として月額金●円（消費税別）を、賃貸人に対し、毎月末日までに翌月分を本件口座に振り込んで支払う。振込手数料は賃借人の負担とする。

２　１か月に満たない期間の共益費又は月の中途において共益費に増減があった場合には、当該月の日割計算によるものとし、１円未満の端数は切り捨てる。

３　本当事者は、第１項に定める共益費が、共用施設の維持管理経費の増減により不相当となったときは、第３条に定める賃貸借期間中であっても、協議のうえで、共益費を改定することができる。

第６条（敷金）

１　賃借人は、本契約に基づく賃借人の賃料債務その他の本契約に基づいて生ずる賃貸人に対する金銭の給付を目的とする債務を担保するため、本契約締結日に、敷金●●●円を賃貸人に対し預託する。

２　敷金には利息を付さないものとする。

３　賃借人は、敷金をもって賃貸人に対する一切の債務の弁済に充当することを主張できないものとする。

4　賃借人に本契約に基づく賃借人の債務の不履行があるときは、賃貸人は、その任意の裁量により、敷金をこれに充当できるものとする。この場合において、賃借人は、賃貸人より充当した旨の通知を受けてから30日以内に当該敷金の不足分を賃貸人に対して支払わなければならない。

5　本契約が終了し賃借人が本建物を賃貸人に明け渡したときは、賃貸人は、敷金を本契約に基づく賃借人の未払いの債務の弁済に充当し、その残額を賃借人に返還するものとする。

6　賃借人は、敷金返還請求権を第三者に譲渡し又は担保に供してはならない。

(新設)

第７条（修繕・補修等）

1　賃貸人は、自己の費用及び責任において、本建物及び賃貸人所有の造作設備の使用に必要な修繕・補修を行う。賃借人は、修繕・補修の必要が生じた場合には、直ちに賃貸人に対して通知しなければならない。

2　前項にかかわらず、賃借人の故意又は過失により、本建物及び賃貸人所有の造作設備に修繕・補修の必要が生じた場合には、賃借人が当該費用を負担するものとする。

3　賃貸人は、本建物及び賃貸人所有の造作設備の使用に必要な修繕・補修を行う場合には、事前に賃借人に通知するものとし、賃借人は、合理的な理由がある場合を除き、当該修繕・補修の実施を拒否することができない。

(新設)

４　賃借人に本契約に基づく賃借人の債務の不履行があるときは、賃貸人は、その任意の裁量により、敷金をこれに充当できるものとする。この場合において、賃借人は、賃貸人より充当した旨の通知を受けてから30日以内に当該敷金の不足分を賃貸人に対して支払わなければならない。

５　本契約が終了し賃借人が本建物を賃貸人に明け渡したときは、賃貸人は、敷金を本契約に基づく賃借人の未払いの債務の弁済に充当し、その残額を賃借人に返還するものとする。

６　賃借人は、敷金返還請求権を第三者に譲渡し又は担保に供してはならない。

７　前項の規定に反し、賃借人が敷金返還請求権を第三者に譲渡し又は担保に供した場合には、賃借人は賃貸人に対し、違約金として、譲渡又は担保設定時における賃料●か月分を賃貸人に支払うものとする。

第７条（修繕・補修等）

１　賃貸人は、自己の費用及び責任において、本建物及び賃貸人所有の造作設備の使用に必要な修繕・補修を行う。賃借人は、修繕・補修の必要が生じた場合には、直ちに賃貸人に対して通知しなければならない。

２　前項にかかわらず、賃借人の故意又は過失により、本建物及び賃貸人所有の造作設備に修繕・補修の必要が生じた場合には、賃借人が当該費用を負担するものとする。

３　賃貸人は、本建物及び賃貸人所有の造作設備の使用に必要な修繕・補修を行う場合には、事前に賃借人に通知するものとし、賃借人は、合理的な理由がある場合を除き、当該修繕・補修の実施を拒否することができない。

４　民法第607条の２の規定にかかわらず、賃借人が本建物を修繕する場合には、修繕業者として、別紙[2]に掲げる業者以外を利用してはならない。また、賃借人は、別紙に掲げる要修繕事項については、同別紙に掲げる方法により修繕することとする。

---

[2] 本書では、別紙は省略している。以下同じ。

（新設）

（新設）

第８条（賃借権の譲渡・転貸の禁止）

賃貸人は、本建物に係る賃借権、形態の如何を問わず、本建物の転貸をし、本契約に基づく一切の権利を第三者に譲渡し、又は担保の用に供してはならない。

第９条（原状の変更）

賃借人が、本建物の増改築、改造、設備の新設、新たな造作設備の設置等その他本建物に関して又は本建物内において原状の変更をする場合には、事前に賃貸人からの書面による承諾を得なければならない。原状変更に関する費用は、全て賃借人の負担とする。

第10条（賃借人の負担すべき公租公課）

賃借人が新設又は付加した（賃借人の要請により賃貸人が行ったものを含む。）設備・造作等に賦課される不動産取得税、固定資産税の公租公課は、名義の如何にかかわらず全て賃借人の負担とする。

第11条（反社会的勢力の排除）

本当事者は、それぞれ相手方に対し、次の各号の事項を確約する。

5　賃借人は、民法第607条の２第２号に掲げる場合において、別紙に掲げる方法以外の方法で修繕することを希望する場合は、事前に、賃貸人に対して希望する修繕方法を書面により通知しなければならず、かかる通知を行わずに別紙に掲げる方法以外の方法で修繕した場合には、賃貸人は修繕費用を一切償還しないものとする。賃貸人が、通知を受けた後遅滞なく、修繕業者及び修繕方法を指定したにもかかわらず、賃借人が、これと異なる修繕を実施した場合も、同様とする。

6　前項の場合において、同項に規定する通知をせずに賃借人が別紙に掲げる以外の方法により修繕したこと、又は賃貸人の指定と異なる修繕を実施したことによって賃貸人に損害が生じたときは、賃借人はその損害を賠償する義務を負う。

【コメント：合理性に疑義を生じない範囲において、賃借人の修繕権を制限している。】☜ 本章２

第８条（賃借権の譲渡・転貸の禁止）

賃貸人は、本建物に係る賃借権、形態の如何を問わず、本建物の転貸をし、本契約に基づく一切の権利を第三者に譲渡し、又は担保の用に供してはならない。

第９条（原状の変更）

賃借人が、本建物の増改築、改造、設備の新設、新たな造作設備の設置等その他本建物に関して又は本建物内において原状の変更をする場合には、事前に賃貸人からの書面による承諾を得なければならない。原状変更に関する費用は、全て賃借人の負担とする。

第10条（賃借人の負担すべき公租公課）

賃借人が新設又は付加した（賃借人の要請により賃貸人が行ったものを含む。）設備・造作等に賦課される不動産取得税、固定資産税の公租公課は、名義の如何にかかわらず全て賃借人の負担とする。

第11条（反社会的勢力の排除）

本当事者は、それぞれ相手方に対し、次の各号の事項を確約する。

（1）以下のア乃至ケのいずれかに該当する者（以下総称して「反社会的勢力」という。）ではないこと

ア　暴力団（その団体の構成員（その団体の構成団体の構成員を含む。）が集団的に又は常習的に暴力的不法行為等を行うことを助長するおそれがある団体をいう。以下同じ。）

イ　暴力団員（暴力団の構成員をいう。以下同じ。）

ウ　暴力団員でなくなった時から５年を経過しない者

エ　暴力団準構成員（暴力団員以外の暴力団と関係を有する者であって、暴力団の威力を背景に暴力的不法行為等を行うおそれがあるもの、又は暴力団若しくは暴力団員に対し資金、武器等の供給を行うなど暴力団の維持若しくは運営に協力し、若しくは関与する者をいう。以下同じ。）

オ　暴力団関係企業（暴力団員が実質的にその経営に関与している企業、暴力団準構成員若しくは元暴力団員が経営する企業で暴力団に資金提供を行うなど暴力団の維持若しくは運営に積極的に協力し若しくは関与する企業又は業務の遂行等において積極的に暴力団を利用し暴力団の維持若しくは運営に協力している企業をいう。）

カ　総会屋等（総会屋、会社ゴロ等企業等を対象に不正な利益を求めて暴力的不法行為等を行うおそれがあり、市民生活の安全に脅威を与える者をいう。）

キ　社会運動等標ぼうゴロ（社会運動若しくは政治活動を仮装し、又は標ぼうして、不正な利益を求めて暴力的不法行為等を行うおそれがあり、市民生活の安全に脅威を与える者をいう。）

ク　特殊知能暴力集団等（上記ア乃至キに掲げる者以外の、暴力団との関係を背景に、その威力を用い、又は暴力団と資金的なつながりを有し、構造的な不正の中核となっている集団又は個人をいう。）

ケ　その他上記ア乃至クに準ずる者

（1）以下のア乃至ケのいずれかに該当する者（以下総称して「反社会的勢力」という。）ではないこと

ア　暴力団（その団体の構成員（その団体の構成団体の構成員を含む。）が集団的に又は常習的に暴力的不法行為等を行うことを助長するおそれがある団体をいう。以下同じ。）

イ　暴力団員（暴力団の構成員をいう。以下同じ。）

ウ　暴力団員でなくなった時から５年を経過しない者

エ　暴力団準構成員（暴力団員以外の暴力団と関係を有する者であって、暴力団の威力を背景に暴力的不法行為等を行うおそれがあるもの、又は暴力団若しくは暴力団員に対し資金、武器等の供給を行うなど暴力団の維持若しくは運営に協力し、若しくは関与する者をいう。以下同じ。）

オ　暴力団関係企業（暴力団員が実質的にその経営に関与している企業、暴力団準構成員若しくは元暴力団員が経営する企業で暴力団に資金提供を行うなど暴力団の維持若しくは運営に積極的に協力し若しくは関与する企業又は業務の遂行等において積極的に暴力団を利用し暴力団の維持若しくは運営に協力している企業をいう。）

カ　総会屋等（総会屋、会社ゴロ等企業等を対象に不正な利益を求めて暴力的不法行為等を行うおそれがあり、市民生活の安全に脅威を与える者をいう。）

キ　社会運動等標ぼうゴロ（社会運動若しくは政治活動を仮装し、又は標ぼうして、不正な利益を求めて暴力的不法行為等を行うおそれがあり、市民生活の安全に脅威を与える者をいう。）

ク　特殊知能暴力集団等（上記ア乃至キに掲げる者以外の、暴力団との関係を背景に、その威力を用い、又は暴力団と資金的なつながりを有し、構造的な不正の中核となっている集団又は個人をいう。）

ケ　その他上記ア乃至クに準ずる者

（２）以下のア乃至ウのいずれにも該当しないこと
ア　自己若しくは第三者の不正の利益を図る目的又は第三者に損害を加える目的をもってするなど、不当に反社会的勢力を利用していると認められる関係を有すること。
イ　反社会的勢力に対して資金等を提供し、又は便宜を供与するなどの関与をしていると認められる関係を有すること。
ウ　反社会的勢力に自己の名義を利用させ、本契約を締結するものであること。

第12条（中途解約）
１　本当事者は、第３条に定める賃貸借期間中に本契約を解約しようとするときは、解約日の６か月前までに相手方に対し書面によりその予告をしなければならない。
２　賃借人は、予告に代えて６か月相当分の賃料を賃貸人に支払い、即時解約することができる。

第13条（契約解除）
１　賃借人が次のいずれかの事由に該当したときは、賃貸人は催告なしに直ちに本契約を解除することができる。
（１）本契約に定める条項に違反し、賃借人に対し催告したにもかかわらず10営業日以内に当該違反が是正されないとき
（２）第４条の賃料及び第５条の共益費の支払を３か月以上怠ったとき
（３）第２条の使用目的を遵守しなかったとき
（４）手形・小切手が不渡りになったとき、又は銀行取引停止処分をうけたとき
（５）第三者より差押え、仮差押え、仮処分若しくは競売の申立て、又は公租公課の滞納処分を受けたとき
（６）破産手続開始、民事再生手続開始、会社更生手続開始、特別清算開始の申立てを受け、又は自ら申立てを行ったとき
（７）解散、会社分割、事業譲渡又は合併の決議をしたとき

（２）以下のア乃至ウのいずれにも該当しないこと

ア　自己若しくは第三者の不正の利益を図る目的又は第三者に損害を加える目的をもってするなど、不当に反社会的勢力を利用していると認められる関係を有すること。

イ　反社会的勢力に対して資金等を提供し、又は便宜を供与するなどの関与をしていると認められる関係を有すること。

ウ　反社会的勢力に自己の名義を利用させ、本契約を締結するものであること。

第12条（中途解約）

1　本当事者は、第３条に定める賃貸借期間中に本契約を解約しようとするときは、解約日の６か月前までに相手方に対し書面によりその予告をしなければならない。

2　賃借人は、予告に代えて６か月相当分の賃料を賃貸人に支払い、即時解約することができる。

第13条（契約解除）

1　賃借人が次のいずれかの事由に該当したときは、賃貸人は催告なしに直ちに本契約を解除することができる。

（１）本契約に定める条項に違反し、賃借人に対し催告したにもかかわらず10営業日以内に当該違反が是正されないとき

（２）第４条の賃料及び第５条の共益費の支払を３か月以上怠ったとき

（３）第２条の使用目的を遵守しなかったとき

（４）手形・小切手が不渡りになったとき、又は銀行取引停止処分をうけたとき

（５）第三者より差押え、仮差押え、仮処分若しくは競売の申立て、又は公租公課の滞納処分を受けたとき

（６）破産手続開始、民事再生手続開始、会社更生手続開始、特別清算開始の申立てを受け、又は自ら申立てを行ったとき

（７）解散、会社分割、事業譲渡又は合併の決議をしたとき

（８）資産又は信用状態に重大な変化が生じ、本契約に基づく債務の履行が困難になるおそれがあると認められるとき
（９）その他、前各号に準じる事由が生じたとき
２　前項の場合、賃借人は、解除によって賃貸人が被った損害を賠償するものとする。

（新設）

第14条（明渡し）
１　本契約が終了したときは、賃借人は、自己の費用で本建物及び造作設備の破損及び故障を補修し、新たに床の張替えを行った上、本契約締結時点の原状に復して賃貸人に明け渡す。賃借人は、第９条に基づき賃貸人の承諾を得て行った原状の変更についても、賃貸人の要求があるときは、自己の費用をもって、これを変更前の原状に復するものとする。
２　賃借人は、原状回復にあたり、本契約期間内に賃借人が設置した造作設備及び賃借人所有の動産（賃貸人の承諾を得て設置したものを含むがこれに限られない。）を賃借人の費用をもって収去する。
３　本契約が終了し、賃借人が本建物を明け渡した後に、本建物内に残置された動産があるときは、賃貸人は賃借人が当該動産に対する所有権を放棄したものとみなして任意にこれを処分したうえで、当該処分に要した費用を賃借人に請求することができる。
４　第１項の原状回復に伴う工事は、賃貸人又は賃貸人が指定する者がこれを行う。

第15条（造作買取請求権等）
賃借人は、本建物の明渡しに際し、その事由及び名目の如何を問わず、本建物及び造作設備に関して支出した諸費用の償還請求その他一切の金銭請求をすることはできず、本建物内に賃借人の費用をもって設置した造作設備の買取りを賃貸人に請求することはできない。

（８）資産又は信用状態に重大な変化が生じ、本契約に基づく債務の履行が困難になるおそれがあると認められるとき
（９）その他、前各号に準じる事由が生じたとき

２　前項の場合、賃借人は、解除によって賃貸人が被った損害を賠償するものとする。

３　民法第611条第２項の規定にかかわらず、賃借人の責めに帰すべき事由によって、本建物の一部が滅失その他の事由により使用できなくなったときは、賃借人は本契約を解除することができない。

【コメント：賃借人に帰責性のある一部滅失等につき、当該一部滅失等により契約目的を達せられないときには賃借人による解除を可能とするデフォルトルールを修正する特約を設けた。】☜ 本章３

第14条（明渡し）

１　本契約が終了したときは、賃借人は、自己の費用で、本建物の通常の使用により生ずるものも含めて、本建物及び造作設備の破損及び故障を補修し、新たに床の張替えを行った上、本契約締結時点の原状に復して賃貸人に明け渡す。賃借人は、第９条に基づき賃貸人の承諾を得て行った原状の変更についても、賃貸人の要求があるときは、自己の費用をもって、これを変更前の原状に復するものとする。

２　賃借人は、原状回復にあたり、本契約期間内に賃借人が設置した造作設備及び賃借人所有の動産（賃貸人の承諾を得て設置したものを含むがこれに限られない。）を賃借人の費用をもって収去する。

３　本契約が終了し、賃借人が本建物を明け渡した後に、本建物内に残置された動産があるときは、賃貸人は賃借人が当該動産に対する所有権を放棄したものとみなして任意にこれを処分したうえで、当該処分に要した費用を賃借人に請求することができる。

４　第１項の原状回復に伴う工事は、賃貸人又は賃貸人が指定する者がこれを行う。

第15条（造作買取請求権等）

賃借人は、本建物の明渡しに際し、その事由及び名目の如何を問わず、本建物及び造作設備に関して支出した諸費用の償還請求その他一切の金銭請求をすることはできず、本建物内に賃借人の費用をもって設置した造作設備の買取りを賃貸人に請求することはできない。

第16条（立入点検）

賃貸人又は賃貸人の指定する者は、本建物の保守管理上必要のあるときは、予め賃借人に通知したうえで本建物に立ち入り、これを点検し、必要な措置を講ずることができる。但し、緊急を要する場合で、賃貸人が予めこの旨を賃借人に通知できなかったときには、事後速やかに賃借人に通知するものとする。

第17条（善管注意義務）

賃借人及びその使用人は、本建物を善良なる管理者の注意を以って占有又は使用するものとする。

第18条（連帯保証）

連帯保証人は、賃借人と連帯して、本契約から生じる賃借人の一切の債務を負担するものとする。

（新設）

第16条（立入点検）

賃貸人又は賃貸人の指定する者は、本建物の保守管理上必要のあるときは、予め賃借人に通知したうえで本建物に立ち入り、これを点検し、必要な措置を講ずることができる。但し、緊急を要する場合で、賃貸人が予めこの旨を賃借人に通知できなかったときには、事後速やかに賃借人に通知するものとする。

第17条（善管注意義務）

賃借人及びその使用人は、本建物を善良なる管理者の注意を以って占有又は使用するものとする。

第18条（連帯保証）

1　連帯保証人は、賃借人と連帯して、本契約及び第３条により期間が延長された後の本契約から生じる賃借人の一切の債務（以下「本件債務」という。）を負担するものとする。なお、本条は、賃貸借契約とは別個の賃貸人と連帯保証人との間の独立の保証契約に関する規定であり、賃貸借期間にかかわらず、存続するものである。

2　連帯保証人は、本契約締結に先立ち、賃借人からの保証の委託を受けるに当たり、賃借人から次に掲げる事項に関する情報の提供を受け、その内容を十分に理解した上で本契約を締結することを確認する。

（1）賃借人の財産及び収支の状況

（2）賃借人が本件債務以外に負担している債務の有無並びにその額及び履行状況

（3）本件債務の担保として他に提供し、又は提供しようとするものがあるときは、その旨及びその内容

【コメント：第２項は、本件が事業用建物の賃貸借の場合（主たる債務が事業に係る債務であること）を前提にしている。事業に係る債務を含まない保証であれば、賃借人に情報提供義務はなく、義務違反に関する賃貸人の主観も問題にならない。】

（新設）

（新設）

第19条（登記事項又は身分等の変更の通知）
　賃借人がその住所、商号、代表者、営業目的、資本金その他商業登記事項又は身分上に重要な変更があったときは、賃借人は遅滞なく書面をもって賃貸人に通知するものとする。

第20条（準拠法及び裁判管轄）
　本契約は、日本法に準拠し、同法に従って解釈されるものとし、本契約に起因し又はこれに関連する一切の紛争については、大阪地方裁判所を第一審の専属的合意管轄裁判所とする。

第21条（誠実協議）
　本当事者は、本契約の条項の解釈につき疑義が生じた場合及び本契約に定めのない事項については、誠意をもって協議して解決する。

　以上の合意を証するため、本書３通を作成し、各自記名押印の上、各１通を保有する。

３　連帯保証人による連帯保証の極度額は、金●円とする。

【コメント：事業用か否かにかかわらず、連帯保証人が個人であれば、本条は個人根保証契約に係る条項となるため、極度額の定めが必要となる。】

４　賃貸人が、連帯保証人に対して保証債務の履行を請求したときには、その請求は賃借人（他に連帯保証人がいるときは、当該他の連帯保証人を含む。）に対しても効力を生ずるものとする。

【コメント：連帯保証人に対する請求を絶対的効力事由とする特約である。】☜第１章３(1)エ

第19条（登記事項又は身分等の変更の通知）

賃借人がその住所、商号、代表者、営業目的、資本金その他商業登記事項又は身分上に重要な変更があったときは、賃借人は遅滞なく書面をもって賃貸人に通知するものとする。

第20条（準拠法及び裁判管轄）

本契約は、日本法に準拠し、同法に従って解釈されるものとし、本契約に起因し又はこれに関連する一切の紛争については、大阪地方裁判所を第一審の専属的合意管轄裁判所とする。

第21条（誠実協議）

本当事者は、本契約の条項の解釈につき疑義が生じた場合及び本契約に定めのない事項については、誠意をもって協議して解決する。

以上の合意を証するため、本書３通を作成し、各自記名押印の上、各１通を保有する。

第５章　請負契約・委任契約（業務委託契約）

1．はじめに

実務では、「業務委託契約書」という名称の契約書が多く用いられているが、その内容は雑多であるのが実情であって、当該契約の法的性質については解釈に委ねられる場合が多く、契約締結後の紛争においてその点が問題となる事例も少なくない。

今般の債権法改正を前提としても、業務委託の性質如何によって適用されるデフォルトルールが異なることに変わりはなく、遍く「業務委託契約書」について、契約書作成上の留意点を一般的に指摘・整理することは容易ではない。

いずれにせよ、多くの場合、業務委託契約は、請負契約と（準）委任契約のいずれかに性質決定されるものと思われ（このほか、売買契約の要素を含む場合などもあり得るが、本章では議論が複雑になるため割愛する[1]。）、契約書に定めのない事項が、請負と（準）委任のどちらのデフォルトルールにより規律されるのかを正確に把握することが、契約書作成等の前提となる。

そこで、本章では、請負契約と委任契約についての改正の概要を踏まえつつ、請負型の業務委託契約と委任型の業務委託契約を念頭において契約書作成上の留意点を概説し、個別具体的な事例における契約書作成等における検討の視座を提供することを試みる。加えて、章末に、参考として、旧法を前提に作成されたシステム開発業務委託基本契約書を例にとり、新法を踏まえた修正例を示すこととする。

---

1 業務委託契約の法的性質について簡潔に整理するものとして、例えば、淵邊善彦・近藤圭介編著『業務委託契約書作成のポイント』１頁以下がある。

２．改正の概要

（１）委任契約の類型

上記のとおり、業務委託契約の解釈に関して、従来は「請負か、委任か」、すなわち、受託者が仕事の完成義務を負うか否かの区別による性質決定が必要であったが、今回の法改正により委任契約は、報酬の支払時期等に関して履行割合型委任契約と成果完成型委任契約に二分され（新法第648条第３項、第648条の２第２項）、委任契約の中でも適用されるルールが区別されることになった。

履行割合型委任か、成果完成型委任かの区別は、主として、報酬の支払対象が、委任事務の履行そのものなのか、委任事務の履行により得られる成果なのかによりなされる。

したがって、新法施行後の業務委託契約の解釈に関しては、「請負か、成果完成型委任か、履行割合型委任か」という観点での性質分析が基本となる[2]。

（２）報酬請求権に関する改正事項

ア　請負契約―請負人の報酬請求権―

旧法の下では、請負人の仕事の完成不能を理由に請負契約が解除された場合において、①仕事の内容が可分であり、②当該一部につき仕事が完成していて、③注文者が既に完成した部分に関して利益を有するときは、既に完成した部分については契約を解除することができないものと解されていた（最判昭56・２・17判時996号61頁）。

---

2 請負契約と異なり、成果完成型委任契約においては、成果の完成が債務の内容になっているのではなく、成果の完成に向けて事務処理をすることが債務の内容になっているにとどまる（手段債務にとどまる）ので、成果の完成まで債務となっているか否かが、請負契約と成果完成型委任契約の分水嶺になるものと思われる（この点について、潮見・債権各論Ⅰ264頁参照。）。

これに対し、新法第634条は、かかる判例法理の妥当範囲を仕事完成前に契約が解除された場合についても拡張し、同条各号に該当する場合には、既になされた部分について仕事の完成があったものとみなされ、請負人は、「注文者が受ける利益の割合に応じて」注文者に対して報酬請求権を有することとされている[3]。なお、委任契約に関して、新法第648条及び第650条で「報酬」と「費用」を区別して規定している。これらの規定により、請負に関する「報酬」から必ずしも費用が除外されるものではないと解されているが[4]、この点については一定の疑義が残る以上、契約書作成等の際には、確認的に、報酬に費用も含むか否かを明確化することも検討に値しよう。

また、新法第634条第１号は「注文者の責めに帰することができない事由によって」と規定しているが、注文者の責めに帰すべき事由による仕事完成不能の場合には、新法第536条第２項前段により、請負人は報酬全額を請求することができるものと解されている[5]。

イ　委任契約

まず、成果完成型委任契約においては、委任事務の成果物

---

3 以上の点につき、例えば、潮見・概要312頁以下等参照。また、新法第634条第２号の「解除」に契約不適合を理由とする解除も含まれるかという問題につき、詳解500頁〔笠井修執筆〕参照。割合的報酬の算定方法についても、施工者が契約の解除までの間にした工事に実際に要した工事費用を積算しそれに利潤を加算する方法や、工事の出来高割合を評価してそれを工事代金に乗じる方法等があり得るところ、新法下におけるデフォルトルールの解釈として前者のような算定方法を導出することは容易ではないように思われるので、そのような算定方法を採用する意向がある場合には、予め契約書上で、算定方法を規定しておく方が無難であると思われる。

4 潮見・概要313頁、中田・契約法515頁等参照。

5 部会資料72A・２頁、同81－３・18頁。

が引渡しを要するときは、その引渡しと同時に報酬の支払いがなされ、成果物が引渡しを要しないときも委任事務の履行後でなければ報酬の支払いが行われないという、請負契約に関する規律に類似した規定が設けられた（新法第648条第２項、第648条の２）。同条第２項は請負契約に関する新法第634条を準用しており、委任者が成果を得ることができなくなったとき又は成果を得る前に委任契約が解除されたときは、①既にした委任事務の履行の結果が可分であり[6]、②その給付によって委任者が利益を受けているときに限り[7]、その可分の結果を「得られた成果」とみなし、受任者は、「委任者が受ける利益の割合において」委任者に対し、報酬の支払いを請求することができる[8]。

他方、履行割合型委任に関しては、旧法下において、受任者は、履行の中途で委任が終了したことについて受任者に帰責事由がない場合には既にした履行の割合に応じて報酬を請求することができるとの定めがあり（旧法第648条第３項）、受任者に帰責事由がある場合には履行割合に応じた報酬請求は認められなかった。

もっとも、受任者に帰責事由がある場合でも、委任事務の

6 請負に関する議論と同様に考えるのであれば、通常、委任事務はいくつかの作業過程に分けて捉えることができるであろうから、細分化しようのないほどの単純作業であるという場合でもない限り、可分性要件が満たされないことはないといえよう（この点につき、請負契約を念頭においた指摘であるが、吉永一行「請負における報酬債権―仕事完成不能の場面を中心に」法教467号91頁参照。）。

7 既に受けた給付（委任事務の履行）が単独で利用価値を有する場合や、それに限らず、その割合的履行結果を引継いで第三者が委任事務を進めることができる場合であれば、利益性要件も充足するものと解されよう（この点につき、吉永・前掲注６）92頁参照。）。また、一問一答339頁・脚注４）は、請負契約に関してであるが、利益性要件が否定される典型として、受けた給付に軽微でない契約不適合がある場合を挙げる。

8 以上の点について、潮見・概要321頁以下、一問一答350頁以下等も参照。

一部を履行している以上、履行割合に応じた報酬の支払いが否定されるべき理由はないとの理解から、新法においては、受任者の帰責事由の有無を問わず、委任契約が中途解約された場合や委任事務の履行が不可能になった場合には、当該時点における履行割合に応じた報酬請求権が認められることとなった（新法第648条第３項）。

（３）請負契約に係る契約不適合責任に関する改正事項

旧法第634条及び第635条は、請負契約における瑕疵担保責任の特則を定めていたが、今般の債権法改正により、これらの条文が大幅に削除され、売買等他の有償契約と同様、債務不履行責任としての契約不適合責任に一本化されている[9]。なお、追完（修補）請求、報酬減額請求、損害賠償請求[10]、解除という救済手段も、他の有償契約と同様であり、請負契約における特則として旧法の規律を引き継いだのは、契約不適合が注文者の供した材料の性質又は注文者の与えた指図による場合に原則として契約不適合責任を追及できない旨の規定（新法第636条）のみである。

---

9 改正前後の内容は、ケーススタディ 210頁以下に比較表として整理されている。

10 請負人としては修補をする方が（少なくとも経済的に）合理的な追完ができるという局面において、注文者による損害賠償請求に対する対抗手段がないのかという問題がある。形式的には、損害賠償請求は新法第562条に救済手段として挙げられていないので、同条第１項但書の制限が及ばず、損害賠償請求に対して、修補による追完を主張することはできないようにも思われる。この点に関して、道垣内弘人教授は、「追完可能性があって、その追完が注文者に不相当な負担をかけるものではないときには、その部分について損害が発生していない」と解する余地のほか、請負人が修補による方法で追完した場合に支出せざるを得なかった費用を損害と解する余地もある旨指摘されている（債権法改正と実務上の課題327頁〔道垣内発言〕。）。いずれにしても、第２章で検討したとおり、追完方法相互間の関係についても、契約書上で規定しておく方が望ましいように思われる。

この点、旧法第634条第１項但書は、「瑕疵が重要でない場合において、その修補に過分の費用を要するとき」には修補請求を否定していたが、今般の改正により、かかる規律が削除された。同項但書が削除された理由は、上記のとおり、請負契約に係る契約不適合責任は売買契約に関する規定の準用によることとなったことに加え[11]、修補請求権の限界については、履行請求権の限界を定めた新法第412条の２第１項を直接又は類推適用することで処理することができるため、請負契約に固有の規律を設ける必要がないためであると説明されており[12]、過分の費用を要することをもって、社会通念上修補が「不能」と評価されれば、旧法と同様に修補請求は否定されることになる。

しかしながら、文言解釈としては、「瑕疵が重要でない場合において、その修補に過分の費用を要するとき」であっても、契約や社会通念に照らして修補が「不能」とまでは評価できない事例もあり得るように思われ、そうであるとすれば、今後の裁判例や運用次第によっては、旧法第634条第１項但書が削除されたことにより請負人の修補義務が免責される余地が狭まる可能性が残ることとなる[13]。

このように、旧法に比べて、請負人が修補を強いられる局面が増え得る以上、業務委託契約に限らず、請負契約一般において、注文者からの過大な要求に対する事前の防御策として、契約書に旧法下と同様の修補請求権を制限する規定を設けておくことも検討に値しよう。

---

11 部会資料84―３・16頁。

12 部会資料81―３・18頁。既に述べたところであるが、立案担当者解説によれば、「新法の下では、過分の費用を要するときは、修補は取引上の社会通念に照らして不能であると扱われ」る（一問一答341頁・脚注１））。

13 このような指摘として、重要論点303頁以下〔村上祐亮執筆〕参照。

以上に加えて、契約不適合責任の追及に当たり、注文者の権利行使期間も、旧法下においては引渡時又は仕事の終了時から1年とされていたが（旧法第637条）、新法においては、目的物について契約不適合を知った時から1年とされていることにも注意を要する（新法第637条）。

3．契約書作成上の留意点

（1）当該業務委託契約の性質決定

上記のとおり、いわゆる業務委託契約は典型契約ではないので、その性質決定は当該契約ごとに解釈する必要が出てくる。性質決定において、契約書の表題は一定の重要性を有するものと思われるが、それのみで契約の性質決定がなされるものではなく、仕事の完成が債務になるのか否か、報酬の対象が委任事務の履行の結果得られる成果なのか委任事務の履行そのものなのかによって決まることになる[14]。

契約の性質決定という、いわば入口での紛争を回避する観点からは、契約書作成に当たり、表題はもちろんのこと、受託者（請負人・受任者）の負う義務を契約書に明記した上で、場合によっては、どの契約類型を念頭に合意がなされているのかを、文中に明記することも一考に値すると思われる。

以下においては、請負契約型業務委託契約と委任契約型業務委託契約を念頭において、契約書作成上の留意点を検討することとする。

（2）請負契約型業務委託契約に係る契約書作成上の留意点

ア　目的規定の意義について

売買契約との関係で検討したとおり、契約不適合責任を含む債務不履行責任や、解除の可否に関する軽微性等との関係で、旧法下よりも一層、契約書の目的規定が意味を持つ可能性があるため、目的規定を従来よりも明確なものに修正することは検討に値するものと思われる。特に、土地工作物を目的物とする請負契約[15]では、報酬請求権も高額になるので、請負人としては、契約を解除されると、たちまち経営が継続できなくなるリスクを負うことにもなりかねない。この意味で、目的規定を明確化するのみならず、軽微性の基準について契約書に盛り込むことも検討に値するところであろう。

イ　受任者（請負人）の修補義務を制限する規定について

旧法第634条第１項但書が定めていた請負契約固有の修補請求権の制限規定が削除された点について、上記のとおり、同項但書と同様の局面において修補請求権が制限されない可能性も残る以上、旧法と同様の制限規定を設けておく、更には、例えば「修補に要する費用が、請負金額の●割を超える場合には、請負人は、目的物を修補することを要しない。」など、実質的に修補が不能な場合を具体的に想定した規定を設けておくことも検討に値する。

ウ　修補に代わる損害賠償請求権に関する手当について

旧法第634条第２項が削除されたことで、いかなる場合に、注文者が契約不適合責任としての修補に代わる損害賠償請求権を行使することができるかがデフォルトルールの解釈として問題となる[16]。

---

14 請負か委任かの区別は、契約実務上、印紙税の課税対象か否かという点においても重要なポイントになる（この点につき、淵邊・近藤・前掲注１）５頁参照。）。

15 旧法には、瑕疵があっても解除不能との特則がある（旧法第635条但書）。

16 旧法下においては、注文者は、請負人に対し、追完請求権と追完に代わる損害賠償請求権とを自由に選択して行使できると解されてきた（最判昭52・２・28金判520号19頁）。

この点、修補（追完）請求が債務の履行を求める点で履行請求と同質である点を強調し、新法第415条第２項の法意を参照する見解[17]、追完請求権と履行請求権の異質性を強調し、新法第415条第２項の規律の範疇にないとする見解[18]、新法第415条第２項ではなく、第563条を類推適用して修補に代わる損害賠償請求の可否を考えるとする見解[19]とがあり、現時点で見解の一致を見ない[20]。仮に、「履行に代わる」損害賠償と類似の問題であるとして処理されることとなれば、旧法に比べ、履行に代わる損害賠償請求権の行使が認められる場面は限定的になる。

しかしながら、契約不適合責任に関する紛争が生じている場合、注文者は請負人の技術・仕事に対して既に信頼を失っている場合も多く、注文者としては修補に代わる損害賠償請求権を行使したい（換言すれば、当該請負人自身に修補させるのではなく、それ以外の者に修補させ、その費用を当該請負人に支払わせたい）と考えることも少なくないと思われる。

したがって、注文者の立場としては、修補に代わる損害賠償請求権の行使要件を緩和する特約を設けることを検討する必要があろう[21]。

---

17 このような見解として、潮見・新債権総論Ⅰ483頁以下参照。

18 森田宏樹「売買における契約責任―契約不適合に基づく担保責任の意義」瀬川信久ほか編『民事責任法のフロンティア』（有斐閣・2019年）285頁以下。また、結論において一問一答341頁・脚注２）も同旨。

19 詳解138頁〔田中洋執筆〕。なお、この見解は必ずしも田中准教授の見解として提唱されているものではない。

20 この点に関する論点整理として、三枝健治「請負契約における契約不適合責任」法教469号99頁以下参照。

21 以上につき、遠藤158頁以下参照。

エ　代金減額請求権に関する手当について

今般の債権法改正で導入された代金減額請求権について、新法第563条第１項により、原則として、追完の催告が要件となっているので、注文者の立場からは、契約不適合があれば直ちに代金減額請求権を行使できる条項とすることも検討に値する。加えて、後の紛争を防止する観点からも、代金減額の方法・基準時も契約書上で定めておくのが望ましいと思われる。

オ　契約不適合責任の追及期間に関する規定について

注文者による契約不適合責任の追及期間の起算点が、目的物の引渡し時から、契約不適合を知った時に改正されている点については、特に製造物メーカー等の請負人の側にとっては、不測の時期まで契約不適合責任の追及を受けるリスクに晒され、修補に供するための補給品製造用の金型を保管し続ける必要が出てくるなど実務的なデメリットが大きいと思われるため、デフォルトルールを変更すべき要請の強い部分である。契約書作成等の過程においては、同期間の起算点を引渡し時にする等の手当を検討するべきと思われる。

カ　申込みの撤回に関する規定について

第２章においても検討したとおり、新法では撤回権の留保が可能であることが明文化されたため、特に注文者側としては、注文請書の交付を受けるまでは、発注に係る申込みの撤回を可能とする条項を設けることも検討に値するものと思われる[22]。

---

22 この点につき、淵邊・近藤・前掲注１）48頁以下参照。

（3）委任契約型業務委託契約に係る契約書作成上の留意点

ア　目的規定の意義について

既に善管注意義務の一般論として検討したとおりであるが、受託者の善管注意義務の内容等との関係で、契約書上の目的規定の重要性は、新法施行後において一層高まる可能性があるので、請負契約型と同様に、目的規定をより具体的なものとすることは検討に値するものと思われる。

イ　受託者の報酬に関する規定について

報酬に関する定めであるが、上記のとおり、新法下では、受託者の帰責事由に基づいて、委託業務の履行の中途で契約が終了した場合においても、受託者は既にした割合に応じて報酬請求が可能になったので（新法第648条第３項)、かかる規定を前提に、どの段階まで委託業務が完了していれば、どの程度の対価を支払うのかという点について、具体的に定めておくことが望ましいであろう。というのも、受託者の帰責事由に基づいて契約が中途で終了したときの報酬額で紛争になった場合、その算定方法が争点となり得る以上、事後の紛争防止の観点からは、予め明確な規定を設けておくべきと思われるためである。

（4）その他

上記のほかに、第１章で述べた各契約類型に共通する項目（個人根保証契約に関する規律等）にも留意を要する。

第5章 付録

1．はじめに

本付録は、旧法を前提に作成されているシステム開発業務委託基本契約書につき、本章での検討を踏まえて、実際に修正を試みたものである。個別具体的な事案や、当事者の交渉力の差異等によって、実際の事案での契約書修正は千差万別となり得るが、ここではやや抽象的な事案を前提に、新法を踏まえた契約書修正の一例を提示することを試みている。

2．システム開発業務委託基本契約書

（1）設例

甲は、乙に対し、自社内で用いる独自仕様のものや、稼働中のシステムの保守システムも含めて、種々のシステムの開発を依頼し、乙と数回協議を重ねた。乙としても製作可能と判断して、当該開発業務を受注することとした。本件取引は、業務委託契約の表題で契約することとなり、乙は、甲との間でのシステム開発に係る基本契約書を作成することとした。

以下では、このような設例における乙の立場に立ち、システム開発業務委託契約書の修正を試みている。

（2）既存の契約書とその修正例

既存の契約書
システム開発業務委託基本契約書 ●●●●（以下「委託者」という。）と●●●●（以下「受託者」といい、委託者及び受託者を個別に又は総称して「本当事者」という。）とは、委託者が受託者に委託する業務に関して、以下のとおり、システム開発業務委託基本契約（以下「本契約」という。）を締結する。 第１条（目的） 1　本契約は、委託者がシステム（以下「本システム」という。）の開発及び製作業務（以下「本業務」という。）を受託者に委託し、受託者が受託するにあたり、本当事者間にて合意した基本的な条件を明確にすることを目的とする。 2　本契約に定める事項は、本契約の有効期間中に本業務に関して本当事者間において締結される個別の契約（以下「個別契約」という。）に対して共通に適用される。但し、個別契約において本契約と異なる事項又は矛盾する事項を定めた場合には、個別契約の規定が本契約に優先して適用される。 3　受託者は、法律、規則、条例、本契約及び個別契約を遵守し、善良なる管理者の注意をもって本業務を遂行するものとする。 第２条（個別契約の内容） 本業務の内容及び遂行期間、製作代金の額、支払期日及び支払条件、本システムの名称、内容、数量及び仕様、本システムの納期及び納入場所その他本業務の遂行に必要な事項（以下「個別契約内容」という。）は、本当事者が個別契約において別途定める。

修　正　例

システム開発業務委託基本契約書[1]

●●●●（以下「委託者」という。）と●●●●（以下「受託者」といい、委託者及び受託者を個別に又は総称して「本当事者」という。）とは、委託者が受託者に委託する業務に関して、以下のとおり、システム開発業務委託基本契約（以下「本契約」という。）を締結する。

第１条（目的）

1　本契約は、委託者がシステム（以下「本システム」という。）の開発及び製作業務（以下「本業務」という。）を受託者に委託し、受託者が受託するにあたり、本当事者間にて合意した基本的な条件を明確にすることを目的とする。

2　本契約に定める事項は、本契約の有効期間中に本業務に関して本当事者間において締結される個別の契約（以下「個別契約」という。）に対して共通に適用される。但し、個別契約において本契約と異なる事項又は矛盾する事項を定めた場合には、個別契約の規定が本契約に優先して適用される。

3　受託者は、法律、規則、条例、本契約及び個別契約を遵守し、善良なる管理者の注意をもって本業務を遂行するものとする。

第２条（個別契約の内容）

本業務の内容及び遂行期間、製作代金の額、支払期日及び支払条件、本システムの名称、内容、数量及び仕様、本システムの納期及び納入場所その他本業務の遂行に必要な事項（以下「個別契約内容」という。）は、本当事者が個別契約において別途定める。

[1] 基本的に受託者側の視点から修正が加えられていることに留意されたい。

第３条（個別契約の成立）

　個別契約は、委託者が、個別契約内容を記載した所定の注文書（以下「注文書」という。）を送付することにより受託者に発注し、受託者が所定の注文請書を委託者に送付し委託者に到達した時点で成立する。但し、委託者による注文書送付後、10営業日以内に受託者から諾否の回答がなされない場合には、個別契約は成立したものとみなす。

第４条（製作代金）

1　委託者は、受託者に対し、本業務の対価として、個別契約に定める支払期日及び支払方法に従い、個別契約に定める製作代金を支払う。

(新設)

2　委託者は、前項の製作代金の支払を遅延した場合には、年14.6%の割合による遅延損害金を受託者に支払う。

3　受託者は、個別契約に別段の定めがない限り、本業務の遂行に要する費用を負担する。

第５条（本業務の遂行に関する報告）

　委託者は、いつでも、個別の委託業務の進捗状況について、受託者に対して報告を求めることができるものとし、この場合、受託者は速やかにこれに応じるものとする。

第３条（個別契約の成立）

個別契約は、委託者が、個別契約内容を記載した所定の注文書（以下「注文書」という。）を送付することにより受託者に発注し、受託者が所定の注文請書を委託者に送付し委託者に到達した時点で成立する。~~但し、委託者による注文書送付後、10営業日以内に受託者から諾否の回答がなされない場合には、個別契約は成立したものとみなす。~~

【コメント：第２章の取引基本契約書第４条とは逆に、受託者の応諾のみを個別契約成立の前提としている。】

第４条（製作代金）

1　委託者は、受託者に対し、履行割合型準委任契約（民法第648条第２項）として本システムの開発及び製作を委託するものとし、本業務の履行割合に応じた対価として、個別契約に定める支払期日及び支払方法に従い、個別契約に定める製作代金を支払う。

2　個別契約においては、前項の定めを適用しない旨を定めた場合に限り、同項と異なる報酬額及び支払方法等を定めることができる。

3　委託者は、前項の製作代金の支払を遅延した場合には、年14.6%の割合による遅延損害金を受託者に支払う。

4　~~受託者は、~~個別契約に別段の定めがない限り、本業務の遂行に要した受託者の~~する~~費用は、本業務が完了したか否かを問わず、別途、委託者が受託者に対して支払うものと~~を負担~~する。

【コメント：性質決定に係る疑義の払拭を試みた。一般に、システム開発にも種々の段階があり、特にある程度継続的な保守業務を委託するような限定的な場面でない限り履行割合型準委任になることは少ないと思われるが、特に受託者の立場からは、給付が可分であるか否か、委託者に利益があるか否かというハードルなく、履行完了分の報酬を得たいという要請が強いと思われるため、意図的にこのような規定例とした。】☞ 本章３(1)

第５条（本業務の遂行に関する報告）

委託者は、いつでも、個別の委託業務の進捗状況について、受託者に対して報告を求めることができるものとし、この場合、受託者は速やかにこれに応じるものとする。

第６条（本システムの納入）

1　受託者は、個別契約の定めに従い、本システムを所定の納期に、所定の納入場所において、納入する。

2　受託者は、個別契約に定める納期までに本システムを納入することができないおそれのある事由が発生したときは、その都度直ちに書面をもって理由及び遅延日数を明示して委託者に通知するものとし、以降は委託者の指示に従うものとする。但し、本項の規定は、本契約及び個別契約に定める受託者の義務及び責任を免れさせるものではない。

第７条（本システムの検査）

1　受託者が委託者に納入する本システムは、仕様書に定める基準（以下「検査基準」という。）に適合するものでなければならない。

2　受託者が業務を完了して前条第１項に基づき本システムを納入したときは、委託者は個別契約に定める期日までに、検査基準に従った検査（以下「本件検査」という。）を行うものとする。

3　委託者は、本件検査の結果、本システムにおける検査基準の不適合その他の瑕疵があることが判明した場合には、速やかに受託者に通知するものとし、受託者は、委託者の指示に従い、自己の負担により、当該本システムを引き取ったうえで、速やかに瑕疵の修補、代替品の納入又は対価の減額を行うものとする。但し、委託者の指図上の過誤その他委託者の責めに帰すべき事由による瑕疵については、この限りではない。

第６条（本システムの納入）

1　受託者は、個別契約の定めに従い、本システムを所定の納期に、所定の納入場所において、納入する。

2　受託者は、個別契約に定める納期までに本システムを納入することができないおそれのある事由が発生したときは、その都度直ちに書面をもって理由及び遅延日数を明示して委託者に通知するものとし、以降は委託者の指示に従うものとする。~~但し、本項の規定は、本契約及び個別契約に定める受託者の義務及び責任を免れさせるものではない。~~

第７条（本システムの検査）

1　受託者が委託者に納入する本システムは、仕様書に定める基準（以下「検査基準」という。）に適合するものでなければならない。

2　受託者が業務を完了して前条第１項に基づき本システムを納入したときは、委託者は個別契約に定める期日までに、検査基準に従った検査（以下「本件検査」という。）を行うものとする。

3　委託者は、本件検査の結果、本システムが種類又は品質に関して本契約又は個別契約の内容に適合しないこと~~における検査基準の不適合その他の瑕疵があること~~が判明した場合には、速やかに受託者に通知するものとする。~~し、~~受託者は、納品したシステムの修補又は代替品の納品により履行の追完をするものとし、受託者の選択する方法による追完により委託者に不相当な負担を課すこととなるときは、委託者の指示に従い、~~自己の負担により、当該本システムを引き取ったうえで、~~速やかに納品した本システムの修補又は~~瑕疵の修補、~~代替品の納入~~又は対価の減額~~を行うものとする。但し、委託者の指図上の過誤その他委託者の責めに帰すべき事由によ~~る瑕疵~~り本契約又は個別契約の内容に適合しないこととなった場合については、この限りではない。

【コメント：追完方法の選択権に関するデフォルトルールに対する特約を設けた。また、代金減額については、デフォルトルールのとおり、追完がない場合に選択できるよう、原案の条項を落とした。併せて、請負に関する契約不適合責任の特則を、履行割合型準委任を基本とする本契約にも落とし込む形とした。】☜第２章４⑵イ参照

4　委託者は、本件検査の結果、本システムの数量不足があることが判明した場合には、速やかに受託者に通知するものとし、受託者は、委託者の指示に従い、自己の負担により、速やかに不足分の納入又は対価の減額を行うものとする。

5　委託者は、本件検査の結果、本システムの数量過剰があることが判明した場合には、速やかに受託者に通知したうえで、受託者の費用負担により、速やかに過剰分を受託者に返還するものとする。

6　前３項の規定は、第３項及び第４項に基づき、新たに納品された本システムについても、適用されるものとする。

(新設)

(新設)

7　本条の規定は、個別契約に定める受託者の義務及び責任を免れさせるものではない。

4　委託者は、本件検査の結果、本システムにつき本契約又は個別契約の内容に適合しないの数量不足があることが判明した場合には、速やかに受託者に通知するものとし、受託者は、委託者の指示に従い、自己の負担により、速やかに不足分の納入又は対価の減額を行うものとする。

5　委託者は、本件検査の結果、本システムにつき本契約又は個別契約の内容に適合しないの数量過剰があることが判明した場合には、速やかに受託者に通知したうえで、受託者の費用負担により、速やかに過剰分を受託者に返還するものとする。

6　前３項の規定は、第３項及び第４項に基づき、新たに納品された本システムについても、適用されるものとする。

7　第３項の定めにかかわらず、受託者は、種類又は品質に関して本契約又は個別契約の内容に適合しない本システムを修補するのに要する費用が、当該本システムの代金の●割を超えるときは、修補の方法により追完することを要しない。

【コメント：受託者として、過分な費用を要する修補を免れたい要請がある場合を想定し、追完義務を免れる場合を明記した。】

8　委託者が、本システムが種類、品質又は数量に関して本契約又は個別契約の内容に適合しないこと（以下総称して「契約不適合」という。）を発見したにもかかわらず、第３項及び第４項に規定する通知を怠った場合には、委託者は、受託者に対して、当該契約不適合を理由とする何らの請求もすることができない。

9　本システムの種類又は品質に関する契約不適合が直ちに発見することができない場合において、当該システムの納品から６か月以内に発見できなかった場合も、前項と同様とする。本条の規定は、個別契約に定める受託者の義務及び責任を免れさせるものではない。

第８条（瑕疵担保責任）

　受託者は、本システムに瑕疵又は数量不足があることが判明した場合には、前条に基づき本システムの瑕疵の修補、代替品又は不足分の納入及び対価の減額等を行うと共に、当該瑕疵又は数量不足によって委託者に生じた損害（弁護士費用を含むがこれに限られない。以下同じ。）を賠償する責任を負うものとする。但し、受託者が本項に基づく責任を負うのは、本件検査合格後●年以内に委託者がその事実を受託者に通知した場合に限る。

第９条（所有権の移転・危険負担）

1　本システムに係る所有権は、第７条に基づき本件検査に合格した時点で、受託者から委託者に移転するものとする。

2　第７条に基づき本件検査に合格する前に生じた本システムの滅失、毀損その他の損害は、委託者の責めに帰すべきものを除き、受託者が負担するものとする。この場合、受託者は、本当事者間で別途合意した場合を除き、自己の責任及び負担において、本システムを完成させなければならない。

第10条（知的財産権）

1　本業務の遂行の過程で得られた発明その他の知的財産またはノウハウ等（以下、これらを合わせて「発明等」という。）が甲または乙のいずれか一方の行為のみによって生じた場合、当該発明等についての特許権その他の知的財産権（特許その他の知的財産権を受ける権利を含む。）、ノウハウ等に関する権利（以下、特許権その他の知的財産権、ノウハウ等を総称して「特許権等」という。）は、全て委託者に帰属する。この場合において、受託者は、委託者に権利を帰属させるために実務上必要となる手続を全て履践しなければならない。

第8条（契約不適合~~瑕疵担保~~責任の期間制限）

受託者は、本システムに契約不適合~~瑕疵又は数量不足~~があることが判明した場合には、当該契約不適合を理由とする履行の追完請求、損害賠償請求又は契約の解除（代金減額請求を含む。）を本件検査後1年以内に行わなければならない。~~前条に基づき本システムの瑕疵の修補、代替品又は不足分の納入及び対価の減額等を行うと共に、当該瑕疵又は数量不足によって委託者に生じた損害（弁護士費用を含むがこれに限られない。以下同じ。）を賠償する責任を負うものとする。但し、受託者が本項に基づく責任を負うのは、本件検査合格後●年以内に委託者がその事実を受託者に通知した場合に限る。~~

【コメント：起算点を固定しつつ、1年以内の通知（権利保全）ではなく、権利の行使を要請した。】☜ 本章3(2)オ

第9条（所有権の移転・危険負担）

1　本システムに係る所有権は、第7条に基づき本件検査に合格した時点で、受託者から委託者に移転するものとする。

2　第7条に基づき本件検査に合格する前に生じた本システムの滅失、毀損その他の損害に関する責任は、受~~委~~託者の責めに帰すべき~~ものを除き~~事由による場合に限り、受託者が負担するものとする。この場合、受託者は、本当事者間で別途合意した場合を除き、自己の責任及び負担において、本システムを完成させなければならない。

第10条（知的財産権）

1　本業務の遂行の過程で得られた発明その他の知的財産またはノウハウ等（以下、これらを合わせて「発明等」という。）が甲または乙のいずれか一方の行為のみによって生じた場合、当該発明等についての特許権その他の知的財産権（特許その他の知的財産権を受ける権利を含む。）、ノウハウ等に関する権利（以下、特許権その他の知的財産権、ノウハウ等を総称して「特許権等」という。）は、全て委託者に帰属する。この場合において、受託者は、委託者に権利を帰属させるために実務上必要となる手続を全て履践しなければならない。

2　受託者は、委託者に対して、本業務の遂行の過程で得られた著作物に係る著作者人格権を行使しないものとする。

3　委託者及び受託者は、前2項に定める権利の帰属及び不行使の対価が製作代金に含まれることを相互に確認する。

4　受託者は、委託者の事前の書面による承諾がない限り、委託者が許諾若しくは提供した特許権等に基づき、本システムと同一又は類似した製品を自己又は第三者のために製作することはできず、本システム（製作過程の物を含むがこれに限られない。）を本業務以外の目的に使用し、又は第三者に譲渡し、担保に供し、若しくはその他の処分をしてはならない。

第11条（第三者が保有する権利の侵害）

受託者は、本業務の実施にあたっては、第三者の権利（知的財産権を含むが、これに限られない。以下本条において同じ。）を侵害しないよう留意するとともに、本システム及びこれに関連して得られた技術的成果が第三者のいかなる権利をも侵害していないことを保証するものとする。受託者は、委託者が第三者から本システムの侵害に関する訴訟その他の紛争の提起を受けた場合には、当該紛争の解決に協力すると共に、これによって委託者に生じた損害を賠償する責任を負うものとする。

第12条（第三者に対する侵害が生じた場合の責任）

受託者は、本業務の遂行にあたり受託者又は受託者の従業員が第三者に対して損害を与えた場合には、当該損害を賠償する責任を負う。

第13条（再委託）

1　受託者は、委託者の事前の書面による承諾を得た場合に限り、本業務の全部又は一部を第三者（以下「再委託先」という。）に再委託することができるものとし、委託者の承諾を得て再委託を行う場合には、委託者に対して、直ちに再委託先の名称及び再委託した本業務の内容を書面により通知するものとする。

2　受託者は、委託者に対して、本業務の遂行の過程で得られた著作物に係る著作者人格権を行使しないものとする。
3　委託者及び受託者は、前２項に定める権利の帰属及び不行使の対価が製作代金に含まれることを相互に確認する。
4　受託者は、委託者の事前の書面による承諾がない限り、委託者が許諾若しくは提供した特許権等に基づき、本システムと同一又は類似した製品を自己又は第三者のために製作することはできず、本システム（製作過程の物を含むがこれに限られない。）を本業務以外の目的に使用し、又は第三者に譲渡し、担保に供し、若しくはその他の処分をしてはならない。

第11条（第三者が保有する権利の侵害）
受託者は、本業務の実施にあたっては、第三者の権利（知的財産権を含むが、これに限られない。以下本条において同じ。）を侵害しないよう留意するとともに、本システム及びこれに関連して得られた技術的成果が第三者のいかなる権利をも侵害していないことを保証するものとする。受託者は、委託者が第三者から本システムの侵害に関する訴訟その他の紛争の提起を受けた場合には、当該紛争の解決に協力すると共に、これによって委託者に生じた損害を賠償する責任を負うものとする。

第12条（第三者に対する侵害が生じた場合の責任）
受託者は、本業務の遂行にあたり受託者又は受託者の従業員が第三者に対して損害を与えた場合には、当該損害を賠償する責任を負う。

第13条（再委託）
1　受託者は、委託者の事前の書面による承諾を得た場合に限り、本業務の全部又は一部を第三者（以下「再委託先」という。）に再委託することができるものとし、委託者の承諾を得て再委託を行う場合には、委託者に対して、直ちに再委託先の名称及び再委託した本業務の内容を書面により通知するものとする。

２　受託者は、前項に基づき再委託を行った場合には、再委託先に本契約及び個別契約に定める受託者の義務と同等の義務を遵守させるものとし、再委託先が当該義務に違反したときは、再委託先による当該義務違反は受託者の違反とみなして、受託者が再委託先と共同で、その一切の責任を負うものとする。

第14条（部品等の供給）

１　受託者は、個別契約終了後も５年間は、当該個別契約に係る本システムの修補又は代替品の納入を行ううえで合理的に必要となる本システム及びその部品（以下「本部品等」という。）を保管するものとする。

２　委託者が求めた場合には、本当事者が別途協議して定める条件に従って、本部品等を委託者に売り渡すものとする。

第15条（個別契約の解約）

１　委託者は、いつでも、受託者に対して書面をもって通知することにより、個別契約を解約することができる。

２　委託者は、前項に基づき個別契約を解約した場合には、第４条第１項にかかわらず、受託者が既に遂行した本業務の割合に応じて製作代金を支払うものとする。この場合において、委託者は、当該解約によって受託者に損害が生じたときは、その損害を賠償しなければならない。

第16条（有効期間）

１　本契約の有効期間は、本契約締結日から３年間とする。但し、本契約の有効期間満了の１か月前までに本当事者のいずれからも書面による別段の申入れのない場合には、本契約は同一の条件（但し、本契約の有効期間を除く。）で自動的に２年間更新されるものとし、以降も同様とする。

２　本契約が終了した時に存在する個別契約については、個別契約が終了するまで引き続き本契約の規定を適用する。

2　受託者は、前項に基づき再委託を行った場合には、再委託先に本契約及び個別契約に定める受託者の義務と同等の義務を遵守させるものとし、再委託先が当該義務に違反したときは、再委託先による当該義務違反は受託者の違反とみなして、受託者が再委託先と共同で、その一切の責任を負うものとする。

第14条（部品等の供給）

1　受託者は、個別契約終了後も５年間は、当該個別契約に係る本システムの修補又は代替品の納入を行ううえで合理的に必要となる本システム及びその部品（以下「本部品等」という。）を保管するものとする。

2　委託者が求めた場合には、本当事者が別途協議して定める条件に従って、本部品等を委託者に売り渡すものとする。

第15条（個別契約の解約）

1　委託者は、いつでも、受託者に対して書面をもって通知することにより、個別契約を解約することができる。

2　委託者は、前項に基づき個別契約を解約した場合には、第４条第１項にかかわらず、受託者が既に遂行した本業務の割合に応じた~~そ~~製作代金又は解約時点までに受託者が本業務に費やした時間数に時間当たりの業務単価を乗じた金額のいずれか高額な方の金額を受託者に支払うものとする。この場合において、委託者は、当該解約によって受託者に損害が生じたときは、別途、その損害を賠償しなければならない。

第16条（有効期間）

1　本契約の有効期間は、本契約締結日から３年間とする。但し、本契約の有効期間満了の１か月前までに本当事者のいずれからも書面による別段の申入れのない場合には、本契約は同一の条件（但し、本契約の有効期間を除く。）で自動的に２年間更新されるものとし、以降も同様とする。

2　本契約が終了した時に存在する個別契約については、個別契約が終了するまで引き続き本契約の規定を適用する。

3　本契約の終了にかかわらず、本条、第７条、第８条、第10条、第11条、第19条、第21条、第22条、第24条は引き続きその効力を有するものとする。

第17条（契約の解除）

1　本当事者は、相手方が次の各号のいずれか一つに該当したときは、何らの通知、催告を要せず、直ちに本契約又は個別契約を解除することができる。

（1）本契約又は個別契約に定める条項に違反があり、相手方に対し催告したにもかかわらず14日以内に当該違反が是正されないとき

（2）監督官庁より営業停止又は営業に関する免許、許可、指定若しくは登録の取消の処分を受けたとき

（3）手形若しくは小切手が不渡りとなったとき、又は、支払停止若しくは支払不能の状態に陥ったとき

（4）第三者より差押え、仮差押え、仮処分若しくは競売の申立て、又は公租公課の滞納処分を受けたとき

（5）破産手続開始、民事再生手続開始、会社更生手続開始、特別清算開始の申立てを受け、又は自ら申立てを行ったとき

（6）解散、会社分割又は事業譲渡の決議をしたとき

（7）その他財産状態が悪化し、又はそのおそれがあると認められる相当の事由が生じたとき

2　前項の場合、本契約又は個別契約を解除された当事者は、解除によって解除をした当事者が被った損害を賠償するものとする。

3　委託者は、受託者が第１項各号に定める事由に該当したことにより個別契約の全部又は一部を解除したときは、第４条第１項及び第15条第２項の規定にかかわらず、当該個別契約に定める製作代金の支払を免れるものとする。

３　本契約の終了にかかわらず、本条、第７条、第８条、第10条、第11条、第19条、第21条、第22条、第24条は引き続きその効力を有するものとする。

第17条（契約の解除）

１　本当事者は、相手方が次の各号のいずれか一つに該当したときは、何らの通知、催告を要せず、直ちに本契約又は個別契約を解除することができる。

（１）本契約又は個別契約に定める条項に違反があり、相手方に対し催告したにもかかわらず14日以内に当該違反が是正されないとき

（２）監督官庁より営業停止又は営業に関する免許、許可、指定若しくは登録の取消の処分を受けたとき

（３）手形若しくは小切手が不渡りとなったとき、又は、支払停止若しくは支払不能の状態に陥ったとき

（４）第三者より差押え、仮差押え、仮処分若しくは競売の申立て、又は公租公課の滞納処分を受けたとき

（５）破産手続開始、民事再生手続開始、会社更生手続開始、特別清算開始の申立てを受け、又は自ら申立てを行ったとき

（６）解散、会社分割又は事業譲渡の決議をしたとき

（７）その他財産状態が悪化し、又はそのおそれがあると認められる相当の事由が生じたとき

２　前項の場合、本契約又は個別契約を解除された当事者は、解除によって解除をした当事者が被った損害を賠償するものとする。

~~３　委託者は、受託者が第１項各号に定める事由に該当したことにより個別契約の全部又は一部を解除したときは、第４条第１項及び第15条第２項の規定にかかわらず、当該個別契約に定める製作代金の支払を免れるものとする。~~

【コメント：受託者に帰責事由のある解除の場合でも、デフォルトルールに依拠すれば報酬の請求権は発生し得るので、本項を削除の上、あえて何らの規定も設けていない。】

第18条（期限の利益の喪失）

1　本当事者の一方が本契約に定める条項に違反した場合、相手方の書面による通知により、相手方に対する一切の債務について期限の利益を喪失し、当該債務の全額を直ちに相手方に弁済しなければならない。

2　本当事者の一方に前条第１項のいずれかに該当する事由が発生した場合、相手方からの何らかの通知催促がなくとも、相手方に対する一切の債務について当然に期限の利益を喪失し、当該債務の全額を直ちに相手方に弁済しなければならない。

第19条（権利義務の譲渡禁止）

本当事者は、相手方の事前の書面による承諾がない限り、本契約及び個別契約における契約上の地位又はこれらに基づく権利義務の全部若しくは一部を、第三者に譲渡し、担保に供し、又はその他の処分をしてはならない。

(新設)

第20条（不可抗力）

1　地震、津波、台風その他の天変地異、戦争、交戦状態、暴動、内乱、重大な疾病、法令等の制定・改廃、ストライキ、ロックアウト、輸送手段の欠如その他本当事者の合理的な制御を超えた事態（以下「不可抗力事由」という。）による本契約の全部又は一部（但し金銭債務を除く。）の履行遅滞又は履行不能については、いずれの本当事者もその責任を負わないものとする。但し、不可抗力事由により影響を受けた本当事者は、不可抗力事由の発生を速やかに相手方に通知するとともに、損害を軽減するために最大限の努力をする。

2　本当事者は、不可抗力事由が生じ、本契約の目的を達成することが困難であると認めるに足りる合理的な理由がある場合には、協議の上、本契約又は個別契約の全部又は一部を解除できる。

第18条（期限の利益の喪失）

1　本当事者の一方が本契約に定める条項に違反した場合、相手方の書面による通知により、相手方に対する一切の債務について期限の利益を喪失し、当該債務の全額を直ちに相手方に弁済しなければならない。

2　本当事者の一方に前条第１項のいずれかに該当する事由が発生した場合、相手方からの何らかの通知催促がなくとも、相手方に対する一切の債務について当然に期限の利益を喪失し、当該債務の全額を直ちに相手方に弁済しなければならない。

第19条（権利義務の譲渡禁止）

<u>1</u>　本当事者は、相手方の事前の書面による承諾がない限り、本契約及び個別契約における契約上の地位又はこれらに基づく権利義務の全部若しくは一部を、第三者に譲渡し、担保に供し、又はその他の処分をしてはならない。

<u>2　前項の規定に反し、本契約若しくは個別契約上の地位又はこれらに基づく権利若しくは義務を第三者に譲渡し、担保に供した場合には、当該委託者及び受託者は、相手方に対し、違約金として●●円を支払うものとする。</u>

第20条（不可抗力）

1　地震、津波、台風その他の天変地異、戦争、交戦状態、暴動、内乱、重大な疾病、法令等の制定・改廃、ストライキ、ロックアウト、輸送手段の欠如その他本当事者の合理的な制御を超えた事態（以下「不可抗力事由」という。）による本契約の全部又は一部（但し金銭債務を除く。）の履行遅滞又は履行不能については、いずれの本当事者もその責任を負わないものとする。但し、不可抗力事由により影響を受けた本当事者は、不可抗力事由の発生を速やかに相手方に通知するとともに、損害を軽減するために最大限の努力をする。

2　本当事者は、不可抗力事由が生じ、本契約の目的を達成することが困難であると認めるに足りる合理的な理由がある場合には、協議の上、本契約又は個別契約の全部又は一部を解除できる。

第21条（秘密保持）

1　本当事者は、以下の各号に規定する情報を除き、相手方当事者の書面による事前承諾なしに、本システムに関する情報、本契約及び個別契約の交渉及び履行の過程において他方当事者から秘密情報として受領した情報、本契約及び個別契約の内容その他本契約及び個別契約に関する一切の情報（以下「秘密情報」という。）について、本契約及び個別契約の目的達成のため以外に使用せず、第三者に開示してはならない。

（１）開示を受けた時点で、受領者が既に保有していた情報

（２）開示を受けた時点で、既に公知であった情報

（３）開示を受けた後、受領者の責めに帰さない事由により公知となった情報

（４）受領者が開示者の秘密情報を利用することなく独自に開発した情報

（５）受領者が正当な権限を有する第三者より守秘義務を負うことなく開示を受けた情報

（６）法令等、金融商品取引所の規則、証券業協会の規則その他これに準ずる定めに基づき受領者に開示が要求された情報。但し、当該要求を受けた受領者は、速やかに開示者に当該事実を通知するものとする。

2　前項の規定にかかわらず、本当事者は、本契約及び個別契約の目的達成のため合理的に必要な範囲で、弁護士、公認会計士、税理士、司法書士及びコンサルタントその他の専門家に対し、秘密保持義務を課した上で秘密情報を開示することができる。

第22条（損害賠償の範囲）

本当事者が、本契約に違反して相手方に損害を与えた場合には、相手方に対し、当該損害につき賠償する責任を負う。

第23条（反社会的勢力の排除）

本当事者は、それぞれ相手方に対し、次の各号の事項を確約する。

（１）以下のア乃至ケのいずれかに該当する者（以下総称して「反社会的勢力」という。）ではないこと

第21条（秘密保持）

1　本当事者は、以下の各号に規定する情報を除き、相手方当事者の書面による事前承諾なしに、本システムに関する情報、本契約及び個別契約の交渉及び履行の過程において他方当事者から秘密情報として受領した情報、本契約及び個別契約の内容その他本契約及び個別契約に関する一切の情報（以下「秘密情報」という。）について、本契約及び個別契約の目的達成のため以外に使用せず、第三者に開示してはならない。

（1）開示を受けた時点で、受領者が既に保有していた情報

（2）開示を受けた時点で、既に公知であった情報

（3）開示を受けた後、受領者の責めに帰さない事由により公知となった情報

（4）受領者が開示者の秘密情報を利用することなく独自に開発した情報

（5）受領者が正当な権限を有する第三者より守秘義務を負うことなく開示を受けた情報

（6）法令等、金融商品取引所の規則、証券業協会の規則その他これに準ずる定めに基づき受領者に開示が要求された情報。但し、当該要求を受けた受領者は、速やかに開示者に当該事実を通知するものとする。

2　前項の規定にかかわらず、本当事者は、本契約及び個別契約の目的達成のため合理的に必要な範囲で、弁護士、公認会計士、税理士、司法書士及びコンサルタントその他の専門家に対し、秘密保持義務を課した上で秘密情報を開示することができる。

第22条（損害賠償の範囲）

本当事者が、本契約に違反して相手方に損害を与えた場合には、相手方に対し、当該損害につき賠償する責任を負う。

第23条（反社会的勢力の排除）

本当事者は、それぞれ相手方に対し、次の各号の事項を確約する。

（1）以下のア乃至ケのいずれかに該当する者（以下総称して「反社会的勢力」という。）ではないこと

ア　暴力団（その団体の構成員（その団体の構成団体の構成員を含む。）が集団的に又は常習的に暴力的不法行為等を行うことを助長するおそれがある団体をいう。以下同じ。）

イ　暴力団員（暴力団の構成員をいう。以下同じ。）

ウ　暴力団員でなくなった時から５年を経過しない者

エ　暴力団準構成員（暴力団員以外の暴力団と関係を有する者であって、暴力団の威力を背景に暴力的不法行為等を行うおそれがあるもの、又は暴力団若しくは暴力団員に対し資金、武器等の供給を行うなど暴力団の維持若しくは運営に協力し、若しくは関与する者をいう。以下同じ。）

オ　暴力団関係企業（暴力団員が実質的にその経営に関与している企業、暴力団準構成員若しくは元暴力団員が経営する企業で暴力団に資金提供を行うなど暴力団の維持若しくは運営に積極的に協力し若しくは関与する企業又は業務の遂行等において積極的に暴力団を利用し暴力団の維持若しくは運営に協力している企業をいう。）

カ　総会屋等（総会屋、会社ゴロ等企業等を対象に不正な利益を求めて暴力的不法行為等を行うおそれがあり、市民生活の安全に脅威を与える者をいう。）

キ　社会運動等標ぼうゴロ（社会運動若しくは政治活動を仮装し、又は標ぼうして、不正な利益を求めて暴力的不法行為等を行うおそれがあり、市民生活の安全に脅威を与える者をいう。）

ク　特殊知能暴力集団等（上記ア乃至キに掲げる者以外の、暴力団との関係を背景に、その威力を用い、又は暴力団と資金的なつながりを有し、構造的な不正の中核となっている集団又は個人をいう。）

ケ　その他上記ア乃至クに準ずる者

（２）以下のア乃至ウのいずれにも該当しないこと

ア　自己若しくは第三者の不正の利益を図る目的又は第三者に損害を加える目的をもってするなど、不当に反社会的勢力を利用していると認められる関係を有すること。

ア　暴力団（その団体の構成員（その団体の構成団体の構成員を含む。）が集団的に又は常習的に暴力的不法行為等を行うことを助長するおそれがある団体をいう。以下同じ。）

イ　暴力団員（暴力団の構成員をいう。以下同じ。）

ウ　暴力団員でなくなった時から５年を経過しない者

エ　暴力団準構成員（暴力団員以外の暴力団と関係を有する者であって、暴力団の威力を背景に暴力的不法行為等を行うおそれがあるもの、又は暴力団若しくは暴力団員に対し資金、武器等の供給を行うなど暴力団の維持若しくは運営に協力し、若しくは関与する者をいう。以下同じ。）

オ　暴力団関係企業（暴力団員が実質的にその経営に関与している企業、暴力団準構成員若しくは元暴力団員が経営する企業で暴力団に資金提供を行うなど暴力団の維持若しくは運営に積極的に協力し若しくは関与する企業又は業務の遂行等において積極的に暴力団を利用し暴力団の維持若しくは運営に協力している企業をいう。）

カ　総会屋等（総会屋、会社ゴロ等企業等を対象に不正な利益を求めて暴力的不法行為等を行うおそれがあり、市民生活の安全に脅威を与える者をいう。）

キ　社会運動等標ぼうゴロ（社会運動若しくは政治活動を仮装し、又は標ぼうして、不正な利益を求めて暴力的不法行為等を行うおそれがあり、市民生活の安全に脅威を与える者をいう。）

ク　特殊知能暴力集団等（上記ア乃至キに掲げる者以外の、暴力団との関係を背景に、その威力を用い、又は暴力団と資金的なつながりを有し、構造的な不正の中核となっている集団又は個人をいう。）

ケ　その他上記ア乃至クに準ずる者

（２）以下のア乃至ウのいずれにも該当しないこと

ア　自己若しくは第三者の不正の利益を図る目的又は第三者に損害を加える目的をもってするなど、不当に反社会的勢力を利用していると認められる関係を有すること。

　イ　反社会的勢力に対して資金等を提供し、又は便宜を供与するなどの関与をしていると認められる関係を有すること。
　ウ　反社会的勢力に自己の名義を利用させ、本契約を締結するものであること。

第24条（準拠法及び裁判管轄）
本契約及び個別契約は、日本法に準拠し、同法に従って解釈されるものとし、本契約及び個別契約に起因し又はこれに関連する一切の紛争については、大阪地方裁判所を第一審の専属的合意管轄裁判所とする。

第25条（誠実協議）
本当事者は、本契約及び個別契約の条項の解釈につき疑義が生じた場合及び本契約及び個別契約に定めのない事項については、誠意をもって協議して解決する。

以上の合意を証するため、本書２通を作成し、各自記名押印の上、各１通を保有する。

イ　反社会的勢力に対して資金等を提供し、又は便宜を供与するなどの関与をしていると認められる関係を有すること。

ウ　反社会的勢力に自己の名義を利用させ、本契約を締結するものであること。

第24条（準拠法及び裁判管轄）

本契約及び個別契約は、日本法に準拠し、同法に従って解釈されるものとし、本契約及び個別契約に起因し又はこれに関連する一切の紛争については、大阪地方裁判所を第一審の専属的合意管轄裁判所とする。

第25条（誠実協議）

本当事者は、本契約及び個別契約の条項の解釈につき疑義が生じた場合及び本契約及び個別契約に定めのない事項については、誠意をもって協議して解決する。

以上の合意を証するため、本書２通を作成し、各自記名押印の上、各１通を保有する。

第６章　消費貸借契約

１．はじめに

日常の企業法務において頻出の契約書の１つが金銭消費貸借契約書である。消費貸借契約に関係する改正項目を挙げれば、法定利率、消滅時効、弁済、相殺、詐害行為取消、債権譲渡、保証等の多岐の項目にわたる。

しかしながら、これらの改正点の多くは、従前の判例法理の明文化など実質的にはデフォルトルールの変更を伴わないものや、特約を設けることが既に実務慣行になっているものであるため、旧法下で通用している契約書において特段の手当てが必要ない事項である。

そこで、本章では、旧法下で通用していると思われる金銭消費貸借契約書について、修正・改定等の手当てを要すると考えられる事項に絞って改正項目を整理・検討した上で[1]、契約書作成等に関する留意点を提示することを試みる。なお、本章末尾に旧法の規律を前提とする金銭消費貸借契約書とその修正例を示しているが、念のため付言すれば、事案ごとに契約当事者及び保証人の属性等の諸般の事情を勘案する必要がある。

２．消費貸借契約に関する債権法改正の概要と契約書作成上の留意点

（１）書面等による諾成的消費貸借契約の明文化

旧法下における典型契約としての消費貸借契約は要物契約と

---

1 消費貸借契約に関する改正事項を簡潔に整理するものとして、重要論点319頁以下〔村上祐亮執筆〕、Before/After382頁以下等参照。

解され、金銭の交付が金銭消費貸借契約の成立要件であると理解されている。換言すれば、貸主の「貸す債務」や借主の「借りる債務」は観念できないので、金銭の交付前であれば、貸主が貸すのをやめても、あるいは借主が借りるのをやめても債務不履行責任が生じることはなく、金銭の交付請求権の譲渡や差押えも観念する余地がないこととなる。

この点、旧法下においても、要物契約としての消費貸借契約とは異なり、諾成的消費貸借契約を締結することは可能であると解され（最判昭48・３・16金法683号25頁、最判平５・７・20判時1519号69頁）、実務上も、諾成的消費貸借契約の成立を認める実益は大きかった[2]。そこで、今般の法改正においては、消費貸借契約の要物契約性は維持しつつ、「書面でする消費貸借は、当事者の一方が金銭その他の物を引き渡すことを約し、相手方がその受け取った物と種類、品質及び数量の同じ物をもって返還をすることを約することによって、その効力を生ずる」（新法第587条の２第１項）ものとされ、書面による諾

---

[2] 例えば、個人の住宅ローンをとってみても、仮に消費貸借契約が要物契約としてしか認められないものであるとすると、不動産売買契約が成立した後であっても、融資の実行前であれば消費貸借契約が成立していないこととなり、ひいては、金融機関から確実に融資を受けられる保証はないということにもなりかねない。

[3] 書面による消費貸借の意義について、当事者双方の意思表示が書面でなされる必要があるとする見解（潮見・概要280頁。その中でもさらに、当事者や金額等についての記載が必要的か否かで見解が分かれ得るが、立案担当者は「消費貸借の詳細な内容まで具体的に記載されている必要はない」とする（一問一答293頁・脚注１）。）と契約当事者の一方の意思表示が書面に現れていれば足りるとする見解があり得るが（詳説474頁〔三上徹執筆〕参照）、無用なトラブルを回避する意味において、差入方式による契約締結に依拠するべきではないとの指摘もある（practical金融法務314頁参照。）。また、当事者間の合意が認定できる場合においては、書面性要件を厳格に解すべきではないとする指摘もある（中田・契約法350頁）。このほかに諾成的消費貸借契約における書面性や貸す債務及び借りる債務の法的性質等について詳細に検討するものとして、森田修『債権法改正を深める―民法の基礎理論の深化のために』（有斐閣・2013年）195頁以下。

成的消費貸借契約が明文化され[3,4,5]、旧法下において認められていた書面によらない諾成的消費貸借契約は認められないこととなった[6]。なお、安易な約束によって貸す債務を負担しないよう注意して融資交渉を行う必要があることは旧法下においても同様であるが、ここでいう書面には電磁的記録も含まれるため（同条第４項）、契約書案を添付した電子メールのやりとりのみであっても[7]、その内容次第では、貸主は、自らの意に反して貸し付ける義務を負担する可能性がある点には一層の留意が必要であろう。

（２）貸付金受領前の解除

諾成的消費貸借契約の成立を認めることにより、同契約に基づいて借主は借りる債務を負担することとなるところ、契約の成立後、借主において借りる必要性がなくなることもあり得る。

そのような場合においても、借主に借りる債務を負担させ、借入れを強いるのは不合理であるため、金銭の受領までは契約

---

4 新法下においても消費貸借の予約（旧法第589条参照）は認められるが、書面による諾成的消費貸借契約が明文化されたことで、その実際上の意義は失われたといえよう（この点につき、Before/After385頁〔三枝健治執筆〕。）。

5 書面による消費貸借の意義について、当事者双方の意思表示が書面でなされる必要があるとする見解を前提とすれば、例えば、実務上、買収取引等の意思決定の前提として金融機関が借主に提出するコミットメントレターや金融機関内部で作成される稟議書は、書面性要件を充足しないこととなるように思われる（この点につき、重要論点323頁〔村上祐亮執筆〕参照。）。

6 この点につき、例えば、Before/After383頁〔三枝健治執筆〕、中田・契約法358頁。

7 「今月末の折り返しもよろしくお願いいたします」という借主からのメールに対して、貸主が「わかりました」と返事しただけでは、これに金額等の情報が付加されたとしても「折り返し」の語義が一般的に判然としないことも考慮すれば、諾成的消費貸借契約にかかる書面性を充足しないように思われる（このような指摘として、詳説473頁〔三上徹執筆〕参照。）。

8 この点につき、一問一答294頁・脚注４。

の解除をすることができることとされた（新法第587条の２第２項前段）。また、諾成的消費貸借の借主に借りる債務を負担させないために特別に解除権を付与した制度趣旨に鑑み、同項前段は強行規定であると解されている[8]。

加えて、同項前段に基づく解除権を行使したことにより貸主に損害が生じた場合にはその賠償を請求することができることとされた（同項後段）[9]。契約書の作成等においては、借主により上記解除権が行使された場合に備えて、いわゆる損害賠償の予定として、（公序良俗違反と判断されない限度において）一定の金額を損害金とする旨の規定を設けておくことや清算金の金額又はその算定式を予め契約書に規定しておくことも検討に値する[10]。

（３）貸主の貸付義務

書面による諾成的消費貸借契約が成立する場合、当該契約締結時点では金銭の交付がなされておらず、貸主はいわば「貸す債務」を負担することとなる[11]。上記（１）のとおり、旧法下においても、貸す債務に関する議論は存在し、今般の法改正により、従前の議論状況等が変容するものではないと思われる。

この点、貸主が貸す債務を負担することにより、契約締結後、

9 ここにいう損害の範囲については、今後の議論に委ねられている部分もあろうが、貸主が金融機関、借主が消費者という場合において、借主の解除により融資が実行できなくなったとしても、その資金を他の融資先に流用することになるといった事情があれば、具体的な損害は発生していないものと解されよう（このような指摘として、一問一答294頁・脚注５）。

10 同様の指摘として、重要論点327頁〔村上祐亮執筆〕。

11 借主の負担する貸金返還債務は、借主が金銭の交付を受けたことにより発生するため、貸主は、貸す債務（借主の貸主に対する金銭債権）を受働債権、貸金返還請求権を自働債権とする相殺をすることはできない（中田・契約法360頁。）。

実際に金銭を交付するまでの間に借主の信用状況等[12]が変動するリスクへの対応を検討する必要がある。旧法下においても、貸付の実行条件又は前提条件等を規定した契約書の雛形を用いていた場合であれば、今般の法改正によって、それ以上に特段の対応は不要であろうが、そうでない場合には、前提条件等の規定を設けたり、あるいは、金銭等の交付をもって初めて消費貸借の効力が発生する旨の特約（法的性質を要物契約に接近させる特約）を設けたりすることも含めて、上記リスクへの対応を確認しておくことが肝要であろう[13]。

（4）期限前弁済

旧法第591条第２項は「借主は、いつでも返還をすることができる」旨規定するが、かかる規律は、同条第１項の「当事者が返還の時期を定めなかったとき」についての規律であると解されてきた。

そこで、弁済期を定めた場合において借主が行う期限前弁済は、旧法下においては期限の利益の放棄（旧法第136条第２項）として説明されてきたが、今般の改正により、返還時期を定めた場合であっても、借主による期限前弁済が可能であることが明文化された（新法第591条第２項）。

また、借主による期限前弁済により貸主に損害が生じた場合には、貸主はその賠償を請求できることとされたが（同条第３項）、損害の範囲等については解釈に委ねられており、とりわけ、

12 信用リスクのほかには、例えば、相続の発生や反社会的勢力への該当性等が考えられる。

13 これまでの点につき、重要論点324頁〔村上祐亮執筆〕参照。

14 この点につき、中田・契約法364頁。

返還時期までの得べかりし利息が当然に貸主の損害であるとは解されない点には注意を要する[14]。

企業間の契約においては、清算金（ブレークファンディングコスト）の規定が置かれていることも少なくないが、そのような規定が置かれていない場合には、いわゆる損害賠償の予定として、（公序良俗違反と判断されない限度において）一定の金額を損害金とする旨の規定を設けておくことや清算金の金額又はその算定式を予め契約書に規定しておくことも検討に値する点は上記（２）と同様である。

（５）第三者弁済

旧法は、第三者による弁済を原則として有効としつつ（旧法第474条第１項)、「利害関係を有しない第三者は、債務者の意思に反して弁済をすることができない」とする（同条第２項)。

これに対し、新法は、第三者による弁済を原則として有効であるとする態度は維持しつつ、「弁済をするについて正当な利益を有するものでない第三者は、債務者の意思に反して弁済をすることができない」（新法第474条第２項）とし、「利害関係」という旧法の文言が、「正当な利益」という文言に変更されている。もっとも、この点については、旧法下における規律を変更するものではないと解される[15]。

また、新法においては、債権者が第三者弁済を受けるにあたり、当該弁済が債務者の意思に反することについて善意であ

15 以上の点につき、practical金融法務228頁。なお、弁済をするについて正当な利益を有しない第三者は債権者の意思に反して弁済をすることができない旨の規定が新設されている（同条第３項)。

れば[16]、弁済を有効とする規律が付加されている（同項但書）。この点については、旧法下における規律が変更されており、基本的に契約書作成等に直接の連関はないと思われるが、新法下において、特に金融機関において、第三者からの弁済を受けるに際して対応を異にする必要があろう[17]。

（6）その他

上記のほかに、第1章で述べた各契約類型に共通する項目（個人根保証契約に関する規律等[18]）に加え、連帯債務にかかる絶対的効力事由（連帯債務者の一人に生ずると他の連帯債務者にも当然にその効力が及ぶ事由）に関する改正項目[19]にも留意を要する。

---

16 過失の有無を問わない点につき、部会第92回会議議事録46頁〔松尾関係官発言〕。

17 この点につき、practical金融法務229頁以下参照。

18 第1章では、主債務者の情報提供義務と保証人の取消権について概説したが、債権者の情報提供義務（新法第458条の2）や主債務者が期限の利益の喪失した場合における保証人（自然人に限られる。）に対する通知義務（新法第458条の3）にも留意が必要であり、貸主としては、これらの法改正を前提に適時に情報提供等を行えるように体制を整備しておく必要があろう。

19 旧法第434条が削除され、履行の請求が相対的効力事由（新法第441条）となったことで、主債務者に対する訴えの提起による時効の完成猶予・更新（新法第147条、第169条）の効力が連帯保証人には及ばなくなった点は特に重要であろう。この点、当事者間の特約により履行の請求等を絶対的効力事由とすることは可能であるため（新法第441条但書）、契約書の作成等において留意する必要があろう。

1．はじめに

本付録は、旧法を前提に作成されている金銭消費貸借契約書につき、本章での検討を踏まえて、実際に修正を試みたものである。個別具体的な事案や、当事者の交渉力の差異等によって、実際の事案での契約書修正は千差万別となり得るが、ここではやや抽象的な事案を前提に、新法を踏まえた契約書修正の一例を提示することを試みている。

2．金銭消費貸借契約書

（1）設例

金融機関である甲は、新法が施行されて以後も、疑義なく運用できる金銭消費貸借契約書とするため、雛形として利用していた金銭消費貸借契約書の修正をすることとした。

以下では、基本的にはこのような甲の立場に立ちつつ、一部乙からの希望のあり得る事項につき盛り込む形で、金銭消費貸借契約書の修正を試みている。

（2）既存の契約書とその修止例

既存の契約書

金銭消費貸借契約書

貸出人●●●●（以下「貸出人」という。)、借入人●●●●（以下「借入人」という）及び連帯保証人●●●●（以下「連帯保証人[1]」という。）とは、以下のとおり金銭消費貸借契約（以下「本契約」という。）を締結する。

第1条（金銭の貸借）

貸出人は、借入人に対し、本契約に定める条件に基づき、金●●●●円（以下「本件貸付金」という。）を貸し渡し、借入人はこれを借り受ける（以下「本件貸付」という。)。

第2条（資金使途）

借入人は、本件貸付金を、●●年●●月に稼働開始予定の借入人の●●工場（大阪市北区●●所在）の土地建物の取得資金として使用する。

第3条（貸付日及び貸付方法）

貸出人は、●●年●●月●●日において、次条に定める前提条件の全ての事項が充足されていると判断した場合、同日（以下「貸付実行日」という。)、借入人に対し、借入人指定の銀行口座に振り込む方法により、本件貸付金を貸し渡す。なお、振込手数料は借入人の負担とする。

第4条（貸付実行の前提条件）

本件貸付実行の前提条件は、以下のとおりとする。

---

[1] 連帯保証人が借入人の代表取締役であることを念頭に置いている。

修　正　例

金銭消費貸借契約書[2]

貸出人●●●●（以下「貸出人」という。）、借入人●●●●（以下「借入人」という）及び連帯保証人●●●●（以下「連帯保証人」という。）とは、以下のとおり金銭消費貸借契約（以下「本契約」という。）を締結する。

第１条（金銭の貸借）

貸出人は、借入人に対し、本契約に定める条件に基づき、金●●●●円（以下「本件貸付金」という。）を貸し渡し、借入人はこれを借り受ける（以下「本件貸付」という。）。

第２条（資金使途）

借入人は、本件貸付金を、●●年●●月に稼働開始予定の借入人の●●工場（大阪市北区●●所在）の土地建物の取得資金として使用する。

第３条（貸付日及び貸付方法）

貸出人は、●●年●●月●●日において、次条に定める前提条件の全ての事項が充足されていると判断した場合、同日（以下「貸付実行日」という。）、借入人に対し、借入人指定の銀行口座に振り込む方法により、本件貸付金を貸し渡す。なお、振込手数料は借入人の負担とする。

第４条（貸付実行の前提条件）

本件貸付実行の前提条件は、以下のとおりとする。

【コメント：現状では、貸付実行の前提条件を記載しない契約書も通用していると思われるが、特に貸出人側の立場からは、契約締結後貸付実行までの間に、不慮の事態でも貸す義務から免れられない不都合を回避するため、前提条件に関する条項を創設することが望ましいといえる。】

2 貸出人側、借入人側双方の立場を踏まえた修正例が存在する点に留意されたい。

（新設）

① 本契約の締結、本契約に基づく借入、及び本件担保権設定契約（末尾不動産の表示[3]に記載の不動産を目的物とし、本契約に基づく債務を担保するために貸出人借入人間で別途締結する第１順位の抵当権設定契約をいう。以下同じ。）に基づく担保提供を承認する借入人の取締役会決議がなされ、当該決議が記載された取締役会議事録謄本が貸出人に提出されていること。

② 連帯保証人の印鑑登録証明書（発行後３か月以内のものに限る。）の原本が貸出人に提出されていること。

③ 第10条に定める表明保証が全て真実且つ正確であること。

第５条（元金の返済）

借入人は、本件貸付の元金を、●●年●●月末日から●●年●●月末日迄の間に到来する毎月末日に●●円ずつ●●回、及び●●年●●月末日（元金の返済日を総称して以下「支払日」という。）に●●円に分割して、貸出人へ返済する。

第６条（利息の支払）

借入人は、本件貸付について、支払日に、貸付実行日又は前の支払日の翌日を初日、当該支払日を最終日とする各金利計算期間の初日における元金残高（ただし、期限前返済が支払日以外の日に行われた場合、当該期限前返済により元金の一部が消滅した直後の支払日における利息の計算にあたっては、当該期限前返済がなされた直後における元金残高とする。）に年●●％及び当該各金利計算期間の実日数を乗じて計算された利息を貸出人へ支払う。かかる計算にあたっては、１年を365日として日割計算し、除算は最後に行い、１円未満は切り捨てる。

3 本書では省略している。以下同じ。

① 本契約及び末尾不動産の表示に記載の不動産を目的物とし、本契約に基づく債務を担保するために貸出人と借入人の間で別途締結する第１順位の抵当権設定契約（以下「本件担保権設定契約」という。）がいずれも書面（電磁的記録を含まない。）により締結されていること。

【コメント：電磁的記録により諾成的金銭消費貸借契約が成立し、貸主が貸す義務を負担することを回避しようとする趣旨での修正例である。】☜ 本章２⑴、⑶

② 本契約の締結、本契約に基づく借入、及び本件担保権設定契約~~（末尾不動産の表示に記載の不動産を目的物とし、本契約に基づく債務を担保するために貸出人借入人間で別途締結する第１順位の抵当権設定契約をいう。以下同じ。）~~に基づく担保提供を承認する借入人の取締役会決議がなされ、当該決議が記載された取締役会議事録謄本が貸出人に提出されていること。

③ 連帯保証人の印鑑登録証明書（発行後３か月以内のものに限る。）の原本が貸出人に提出されていること。

④ 第10条に定める表明保証が全て真実且つ正確であること。

第５条（元金の返済）

借入人は、本件貸付の元金を、●●年●●月末日から●●年●●月末日迄の間に到来する毎月末日に●●円ずつ●●回、及び●●年●●月末日（元金の返済日を総称して以下「支払日」という。）に●●円に分割して、貸出人へ返済する。

第６条（利息の支払）

借入人は、本件貸付について、支払日に、貸付実行日又は前の支払日の翌日を初日、当該支払日を最終日とする各金利計算期間の初日における元金残高（ただし、期限前返済が支払日以外の日に行われた場合、当該期限前返済により元金の一部が消滅した直後の支払日における利息の計算にあたっては、当該期限前返済がなされた直後における元金残高とする。）に年●●％及び当該各金利計算期間の実日数を乗じて計算された利息を貸出人へ支払う。かかる計算にあたっては、１年を365日として日割計算し、除算は最後に行い、１円未満は切り捨てる。

第７条（期限前返済）
1　借入人は、第５条の定めにかかわらず、期限前返済をしようとする日（以下「期限前返済日」という。）の10日以上前に書面により貸出人に通知の上、期限の利益を放棄して、本件貸付の全部又は一部を期限前に返済することができる。
2　前項所定の期限前返済を行う場合、借入人は、貸出人に対し、貸出人に生じた損害を賠償するものとする。

第８条（借入人による支払）
1　本契約に基づく借入人による貸出人への一切の支払は、貸出人指定の銀行口座に振り込む方法によるものとする。振込手数料は借入人の負担とする。
2　前条第１項の場合を除くほか、借入人が、支払日前に所定の金員を貸出人指定の銀行口座に振り込んだとしても、第６条の利息の計算には影響を与えないものとし、貸出人は、当該金員を支払日において受領したものとみなす。

第９条（支払充当順位）
借入人又は連帯保証人の貸出人に対する支払額が、支払時点で期限到来済の債務の額に足りないときは、以下の各号に定める順位でこれを充当するものとする。
①　第１順位　本契約に関し、貸出人が負担又は立替払いしている一切の経費、費用
②　第２順位　遅延損害金
③　第３順位　第７条２項に定める損害賠償金及び第15条に定める違約金
④　第４順位　利息
⑤　第５順位　元金

第7条（期限前返済）

1　借入人は、第5条の定めにかかわらず、期限前返済をしようとする日（以下「期限前返済日」という。）の10日以上前に書面により貸出人に通知の上、期限の利益を放棄して、本件貸付の全部又は一部を期限前に返済することができる。

2　前項所定の期限前返済を行う場合、借入人は、貸出人に対し、期限前返済額の●●％に相当する金額を、~~貸出人に生じた~~損害として~~を~~賠償するものとし、期限前返済日に、これを貸出人に支払わなければならない。~~する。~~

【コメント：新法の規律を受け、損害賠償額の予定額を規定した。もっとも、この損害賠償の予定の額が過大な場合に権利濫用とされる可能性がある点については留意が必要である。】

第8条（借入人による支払）

1　本契約に基づく借入人による貸出人への一切の支払は、貸出人指定の銀行口座に振り込む方法によるものとする。振込手数料は借入人の負担とする。

2　前条第1項の場合を除くほか、借入人が、支払日前に所定の金員を貸出人指定の銀行口座に振り込んだとしても、第6条の利息の計算には影響を与えないものとし、貸出人は、当該金員を支払日において受領したものとみなす。

第9条（支払充当順位）

借入人又は連帯保証人の貸出人に対する支払額が、支払時点で期限到来済の債務の額に足りないときは、以下の各号に定める順位でこれを充当するものとする。

①　第1順位　本契約に関し、貸出人が負担又は立替払いしている一切の経費、費用

②　第2順位　遅延損害金

③　第3順位　第7条2項に定める損害賠償金及び第15条に定める違約金

④　第4順位　利息

⑤　第5順位　元金

第10条（表明保証）

借入人及び連帯保証人は、貸出人に対して、本契約締結日及び貸付実行日において、以下の各号に定める全ての事項が真実且つ正確であることを表明及び保証する。

① 借入人は、日本の法律に基づき適法に設立され、有効に存在する法人であること。

② 借入人及び連帯保証人は、本契約及び本件担保権設定契約（自らが当事者となる契約に限る。以下本条において同じ。）を締結し、これを履行する法律上の完全な権利能力を有しており、本契約及び本件担保権設定契約が有効に借入人及び連帯保証人を拘束すること。

③ 借入人の決算報告書等（貸借対照表、損益計算書等の財務諸表。以下同じ。）は、日本において一般に公正妥当等認められている会計基準に照らして完全且つ正確であること。

④ 借入人は、本契約及び本件担保権設定契約の締結並びにこれらに基づく一切の債務及び義務の履行をするために必要となる内部承認手続を全て適法に完了していること。

⑤ 借入人及び連帯保証人による本契約又は本件担保権設定契約の締結及び履行は、借入人又は連帯保証人が負担するこれらの契約以外の如何なる契約上の義務にも違反する結果とならず、借入人の定款その他社内規則に反する結果とならず、且つ、借入人又は連帯保証人並びにその財産を拘束する如何なる法令にも違反する結果とならないこと。

⑥ 借入人及び連帯保証人並びにその財産について、本契約又は本件担保権設定契約に基づく債務又は義務の履行に重大な影響を与える訴訟、係争、行政処分等が発生しておらず、発生するおそれもないこと。

⑦ 借入人又は連帯保証人は、賦課される公租・公課について法定納期限等を徒過してこれを滞納しておらず、かつ、そのおそれもないこと。

⑧ 借入人又は連帯保証人につき、第12条に定める期限の利益喪失事由が発生しておらず、発生するおそれもないこと。

第10条（表明保証）

借入人及び連帯保証人は、貸出人に対して、本契約締結日及び貸付実行日において、以下の各号に定める全ての事項が真実且つ正確であることを表明及び保証する。

① 借入人は、日本の法律に基づき適法に設立され、有効に存在する法人であること。

② 借入人及び連帯保証人は、本契約及び本件担保権設定契約（自らが当事者となる契約に限る。以下本条において同じ。）を締結し、これを履行する法律上の完全な権利能力を有しており、本契約及び本件担保権設定契約が有効に借入人及び連帯保証人を拘束すること。

③ 借入人の決算報告書等（貸借対照表、損益計算書等の財務諸表。以下同じ。）は、日本において一般に公正妥当等認められている会計基準に照らして完全且つ正確であること。

④ 借入人は、本契約及び本件担保権設定契約の締結並びにこれらに基づく一切の債務及び義務の履行をするために必要となる内部承認手続を全て適法に完了していること。

⑤ 借入人及び連帯保証人による本契約又は本件担保権設定契約の締結及び履行は、借入人又は連帯保証人が負担するこれらの契約以外の如何なる契約上の義務にも違反する結果とならず、借入人の定款その他社内規則に反する結果とならず、且つ、借入人又は連帯保証人並びにその財産を拘束する如何なる法令にも違反する結果とならないこと。

⑥ 借入人及び連帯保証人並びにその財産について、本契約又は本件担保権設定契約に基づく債務又は義務の履行に重大な影響を与える訴訟、係争、行政処分等が発生しておらず、発生するおそれもないこと。

⑦ 借入人又は連帯保証人は、賦課される公租・公課について法定納期限等を徒過してこれを滞納しておらず、かつ、そのおそれもないこと。

⑧ 借入人又は連帯保証人につき、第12条に定める期限の利益喪失事由が発生しておらず、発生するおそれもないこと。

⑨　借入人又は連帯保証人は、現在暴力団員等に該当せず、以下に定めるいずれにも該当せず、また将来にわたっても該当するおそれもないこと。

i　暴力団員等が経営を支配していると認められる関係を有すること。

ii　暴力団員等が経営に実質的に関与していると認められる関係を有すること。

iii　自ら若しくは第三者の不正の利益を図る目的又は第三者に損害を加える目的をもってする等、不当に暴力団員等を利用していると認められる関係を有すること。

iv　暴力団員等に対して資金等を提供し、又は便宜を供与するなどの関与をしていると認められる関係を有すること。

v　役員又は経営に実質的に関与している者が暴力団員等と社会的に非難されるべき関係を有すること。

（新設）

（新設）

（新設）

⑨　借入人又は連帯保証人は、現在暴力団員等に該当せず、以下に定めるいずれにも該当せず、また将来にわたっても該当するおそれもないこと。

ｉ　暴力団員等が経営を支配していると認められる関係を有すること。

ii　暴力団員等が経営に実質的に関与していると認められる関係を有すること。

iii　自ら若しくは第三者の不正の利益を図る目的又は第三者に損害を加える目的をもってする等、不当に暴力団員等を利用していると認められる関係を有すること。

iv　暴力団員等に対して資金等を提供し、又は便宜を供与するなどの関与をしていると認められる関係を有すること。

ｖ　役員又は経営に実質的に関与している者が暴力団員等と社会的に非難されるべき関係を有すること。

⑩　借入人が、連帯保証人に対し、本契約締結時までに、以下に定める情報の提供を行ったこと。

ｉ　借入人の財産及び収支の状況

ii　借入人が本契約に基づく債務以外に負担している債務の有無並びにその額及び履行の状況

iii　本契約に基づく債務の担保として他に提供し、又は提供しようとするものがあるときは、その旨及びその内容（末尾不動産の表示記載の不動産に対する第１順位の抵当権を含む。）

⑪　連帯保証人が、借入人から、本契約締結時までに、前号ｉないしiiiに定める情報の提供を受けたこと。

【コメント：前号と併せて主債務者により適切な情報提供義務が行われたことを表明保証として規定した。】

⑫　連帯保証人が、借入人の代表取締役であること。

【コメント：保証人が主債務者の経営者でないと、保証人の公正証書による意思表示が必要とされているため（新法第465条の６第１項）、表明保証として規定した。】

第11条（借入人又は連帯保証人の義務）

1　借入人又は連帯保証人は、貸出人から請求があった場合、以下の各号に定める資料を遅滞なく作成の上、貸出人に提出しなければならない。

①　決算報告書等

②　借入人又は連帯保証人の財産について、貸出人が要求する資料

2　以下の各号に定める事態が生じた場合、借入人又は連帯保証人は、貸出人に対し、遅滞なく書面で通知しなければならない。

①　第10条に定める表明保証に反する事態の発生又は判明

②　第12条に定める期限の利益喪失事由

③　借入人又は連帯保証人の財産、経営又は業況についての重大な変化

3　借入人又は連帯保証人は、貸出人の事前の書面による承諾なく、以下の各号に定める行為であって、本契約に基づく債務又は義務の履行に重大な影響を及ぼす行為をしてはならない。

①　事業又は財産の譲渡、譲受（本契約締結日時点で計画され、貸出人が既知のものを除く。）

②　合併、会社分割、株式交換、株式移転又は組織変更

③　解散及び残余財産の処分

④　資本金・準備金の額の減少

⑤　本件担保権設定契約に基づく担保目的物の第三者への譲渡又は担保提供

⑥　定款の変更

4　借入人及び連帯保証人は、暴力団員等及び前条９号ｉないしｖのいずれかに該当する者とならず、且つ、以下の各号のいずれかに該当する行為を行わないこと。

①　暴力的な要求行為

②　法的な責任を超えた不当な要求行為

③　取引に関して、脅迫的な言動をし、又は暴力を用いる行為

④　風説を流布し、偽計若しくは威力を用いて貸出人の信用を毀損し、又は貸出人の業務を妨害する行為

⑤　その他、上記①ないし④に準ずる行為

第11条（借入人又は連帯保証人の義務）

1　借入人又は連帯保証人は、貸出人から請求があった場合、以下の各号に定める資料を遅滞なく作成の上、貸出人に提出しなければならない。

①　決算報告書等

②　借入人又は連帯保証人の財産について、貸出人が要求する資料

2　以下の各号に定める事態が生じた場合、借入人又は連帯保証人は、貸出人に対し、遅滞なく書面で通知しなければならない。

①　第10条に定める表明保証に反する事態の発生又は判明

②　第12条に定める期限の利益喪失事由

③　借入人又は連帯保証人の財産、経営又は業況についての重大な変化

3　借入人又は連帯保証人は、貸出人の事前の書面による承諾なく、以下の各号に定める行為であって、本契約に基づく債務又は義務の履行に重大な影響を及ぼす行為をしてはならない。

①　事業又は財産の譲渡、譲受（本契約締結日時点で計画され、貸出人が既知のものを除く。）

②　合併、会社分割、株式交換、株式移転又は組織変更

③　解散及び残余財産の処分

④　資本金・準備金の額の減少

⑤　本件担保権設定契約に基づく担保目的物の第三者への譲渡又は担保提供

⑥　定款の変更

4　借入人及び連帯保証人は、暴力団員等及び前条９号ｉないしｖのいずれかに該当する者とならず、且つ、以下の各号のいずれかに該当する行為を行わないこと。

①　暴力的な要求行為

②　法的な責任を超えた不当な要求行為

③　取引に関して、脅迫的な言動をし、又は暴力を用いる行為

④　風説を流布し、偽計若しくは威力を用いて貸出人の信用を毀損し、又は貸出人の業務を妨害する行為

⑤　その他、上記①ないし④に準ずる行為

第12条（期限の利益喪失事由）

1　借入人又は連帯保証人について以下の各号に定める事由が１つでも発生した場合、借入人は当然に期限の利益を失い、借入人及び連帯保証人は連帯して直ちに元利金全額を返済しなければならない。

①　借入人が解散し、又は解散を命ずる判決・命令を受けたとき。

②　借入人に支払不能、支払停止の状況が発生したとき、若しくは破産手続開始、民事再生手続開始、会社更生手続開始、特別清算開始、その他日本国内外を問わずこれらに類する手続開始の申立てがあったとき。

③　借入人が手形交換所の取引停止処分を受けたとき。

2　以下の各号に定める事由が一つでも発生した場合、借入人は貸出人からの請求があり次第期限の利益を失い、借入人及び連帯保証人は連帯して直ちに元利金全額を返済しなければならない。

①　借入人又は連帯保証人が、本契約に基づく支払義務の履行を遅延したとき。

②　借入人又は連帯保証人が、本契約以外の契約に基づく支払義務の履行を遅延したとき。

③　借入人又は連帯保証人について、第10条に定める表明保証の内容が真実且つ正確でないことが判明したとき。

④　その他、借入人又は連帯保証人において本契約又は本件担保権設定契約における義務違反があり、且つ、かかる義務違反が催告後５銀行営業日以上にわたって解消しないとき。

⑤　借入人又は連帯保証人が、本契約に基づく債務以外の債務について期限の利益を喪失したとき、若しくは借入人又は連帯保証人に賦課された（若しくは賦課される）公租公課について滞納したとき。

⑥　本件担保権設定契約に基づき提供した担保の目的物について差押又は競売手続が開始されたとき。

⑦　連帯保証人につき、支払不能、支払停止の状況が発生したとき、又は破産手続開始、民事再生手続開始、その他日本国内外を問わずこれらに類する手続開始の申立てがあったとき。

⑧　連帯保証人が、手形交換所の取引停止処分を受けたとき。

第12条（期限の利益喪失事由）

1　借入人又は連帯保証人について以下の各号に定める事由が１つでも発生した場合、借入人は当然に期限の利益を失い、借入人及び連帯保証人は連帯して直ちに元利金全額を返済しなければならない。

①　借入人が解散し、又は解散を命ずる判決・命令を受けたとき。

②　借入人に支払不能、支払停止の状況が発生したとき、若しくは破産手続開始、民事再生手続開始、会社更生手続開始、特別清算開始、その他日本国内外を問わずこれらに類する手続開始の申立てがあったとき。

③　借入人が手形交換所の取引停止処分を受けたとき。

2　以下の各号に定める事由が一つでも発生した場合、借入人は貸出人からの請求があり次第期限の利益を失い、借入人及び連帯保証人は連帯して直ちに元利金全額を返済しなければならない。

①　借入人又は連帯保証人が、本契約に基づく支払義務の履行を遅延したとき。

②　借入人又は連帯保証人が、本契約以外の契約に基づく支払義務の履行を遅延したとき。

③　借入人又は連帯保証人について、第10条に定める表明保証の内容が真実且つ正確でないことが判明したとき。

④　その他、借入人又は連帯保証人において本契約又は本件担保権設定契約における義務違反があり、且つ、かかる義務違反が催告後５銀行営業日以上にわたって解消しないとき。

⑤　借入人又は連帯保証人が、本契約に基づく債務以外の債務について期限の利益を喪失したとき、若しくは借入人又は連帯保証人に賦課された（若しくは賦課される）公租公課について滞納したとき。

⑥　本件担保権設定契約に基づき提供した担保の目的物について差押又は競売手続が開始されたとき。

⑦　連帯保証人につき、支払不能、支払停止の状況が発生したとき、又は破産手続開始、民事再生手続開始、その他日本国内外を問わずこれらに類する手続開始の申立てがあったとき。

⑧　連帯保証人が、手形交換所の取引停止処分を受けたとき。

⑨　連帯保証人が、自らの責めに帰すべき事由により、貸出人にその所在が不明になったとき。

⑩　連帯保証人に相続の開始があり、貸出人が合理的に認める新たな保証人の保証（相続人による保証債務の承継の場合を含む。）が得られなかったとき。

⑪　その他、借入人又は連帯保証人の事業若しくは財産の状態が悪化し、又はそのおそれがあると認められる相当の事由があり、貸出人の債権保全のために貸出人が必要と認めたとき。

第13条（遅延損害金）

本契約に基づく債務の履行を遅滞した場合、遅滞した当事者は、相手方に対し、年●％の割合による遅延損害金を支払う。遅延損害金の計算にあたっては、１年を３６５日として日割計算し、除算は最後に行い、１円未満は切り捨てる。

（新設）

⑨　連帯保証人が、自らの責めに帰すべき事由により、貸出人にその所在が不明になったとき。

⑩　連帯保証人に相続の開始があり、貸出人が合理的に認める新たな保証人の保証（相続人による保証債務の承継の場合を含む。）が得られなかったとき。

⑪　その他、借入人又は連帯保証人の事業若しくは財産の状態が悪化し、又はそのおそれがあると認められる相当の事由があり、貸出人の債権保全のために貸出人が必要と認めたとき。

第13条（遅延損害金）

本契約に基づく債務の履行を遅滞した場合、遅滞した当事者は、相手方に対し、年●％の割合による遅延損害金を支払う。遅延損害金の計算にあたっては、１年を３６５日として日割計算し、除算は最後に行い、１円未満は切り捨てる。

第14条（貸出人の不履行）

１　借入人が第４条所定の前提条件を満たしているにもかかわらず、貸出人が、第３条に基づき本件貸付金を貸し渡さなかった場合、借入人は、相当の期間を定めて貸出人に催告の上、本契約を解除することができる。

２　借入人が第４条所定の前提条件を満たしているにもかかわらず、貸出人が、第３条に基づき本件貸付金を貸し渡さなかった場合において、貸し渡しの遅延により本契約の目的を達することができなくなった場合、借入人は、何らの催告をすることなく、本契約を解除することができる。

３　前２項の場合、借入人は、貸出人に対し、借入人に生じた損害の賠償を請求することができる。

【コメント：諾成的金銭消費貸借契約の成立により、貸出人に貸す義務違反があった場合の規定例である。】

（新設）

第14条（連帯保証）

1　連帯保証人は、貸出人に対して、本契約（その後の変更、更新を含む。）に基づき借入人が貸出人に対して負担する一切の債務について、借入人と連帯して保証債務を負う。

2　本契約に基づく借入人の貸出人に対する一切の債務が完済される迄の間、連帯保証人は、自らの保証債務の一部又は全部を履行した場合であっても、代位によって貸出人から取得した権利を行使又は第三者へ譲渡し若しくは第三者のために担保に供してはならず、また貸出人による本件担保権設定契約に基づく担保権その他一切の権利行使は何ら制約されないものとする。

3　貸出人が、貸出人の都合により担保権の全部又は一部を放棄し、担保の価値を減少又は消滅させ、若しくは他の保証を変更、解除した場合であっても、貸出人は連帯保証人に対して何ら責任を負わず、連帯保証人は保証債務の免責を主張することができない。

4　連帯保証人は、自らの保証債務について、借入人が貸出人に対して有する預金その他の債権をもって相殺してはならない。

第15条（公正証書の作成）

借入人及び連帯保証人は、貸出人から請求を受けた場合、本契約に基づき借入人が貸出人に対して負担する一切の債務について、自らの費用負担で執行受諾文言付公正証書を作成し、これを貸出人に提出する。

第15条（借入人による解除）

本契約締結後、借入人が本件貸付金を受領する前に限り、借入人は、本契約の全部又は一部を解除することができる。この場合、借入人は、貸出人に対し、違約金として本件貸付金（一部解除の場合はその一部）の●●％相当の金員を支払う。

【コメント：新法の規律を受け、一部解除、全部解除双方を容認する形をとるとともに、損害額について違約金を定め、貸出人の立証の煩を回避するための規定例である。】

第16条（連帯保証）

1　連帯保証人は、貸出人に対して、本契約（その後の変更、更新を含む。）に基づき借入人が貸出人に対して負担する一切の債務について、借入人と連帯して保証債務を負う。

【コメント：貸金等債務については、根保証の場合に極度額の定めが必要になる点につき改正前後で差異はない。本件は当座貸越の契約ではないため、特定の債務であることを念頭に極度額の定めに関する規定は追加していない。】

2　本契約に基づく借入人の貸出人に対する一切の債務が完済される迄の間、連帯保証人は、自らの保証債務の一部又は全部を履行した場合であっても、代位によって貸出人から取得した権利を行使又は第三者へ譲渡し若しくは第三者のために担保に供してはならず、また貸出人による本件担保権設定契約に基づく担保権その他一切の権利行使は何ら制約されないものとする。

3　貸出人が、貸出人の都合により担保権の全部又は一部を放棄し、担保の価値を減少又は消滅させ、若しくは他の保証を変更、解除した場合であっても、貸出人は連帯保証人に対して何ら責任を負わず、連帯保証人は保証債務の免責を主張することができない。

4　連帯保証人は、自らの保証債務について、借入人が貸出人に対して有する預金その他の債権をもって相殺してはならない。

第17条（公正証書の作成）

借入人及び連帯保証人は、貸出人から請求を受けた場合、本契約に基づき借入人が貸出人に対して負担する一切の債務について、自らの費用負担で執行受諾文言付公正証書を作成し、これを貸出人に提出する。

第16条（権利義務の譲渡禁止）
借入人及び連帯保証人は、あらかじめ貸出人の書面による承諾を得ることなく、本契約の契約上の地位、あるいは本契約に基づく権利又は義務を第三者に譲渡し、若しくは担保提供してはならない。

第17条（本契約の変更）
本契約は、貸出人、借入人及び連帯保証人が書面により合意する場合を除き、これを変更することができない。

第18条（期日の取扱い）
本契約で使用する月日は、本契約で別段の定めのない限り銀行営業日を指し、支払期日又は期限到来日が銀行営業日以外の日の場合は、それ以降に最初に到来する銀行営業日を指す。

第19条（権利の存続）
貸出人が、本契約に基づく権利の一部又は全部を行使しないこと、若しくは行使の時期を遅延することは、如何なる場合であっても貸出人が当該権利を放棄したもの若しくは借入人及び連帯保証人の本契約に基づく義務を免除又は軽減するものではなく、貸出人の本契約に基づく権利、又は借入人及び連帯保証人の本契約に基づく義務には如何なる影響も与えない。

第20条（準拠法及び管轄の合意）
1　本契約の準拠法は、日本法とする。
2　本契約に関する一切の紛争については、大阪地方裁判所を第一審の専属的合意管轄裁判所とする。

この契約の締結を証するため、本契約書３通を作成し、各当事者が記名押印のうえ、それぞれ１通を保管するものとする。

第18条（権利義務の譲渡禁止）
　借入人及び連帯保証人は、あらかじめ貸出人の書面による承諾を得ることなく、本契約の契約上の地位、あるいは本契約に基づく権利又は義務を第三者に譲渡し、若しくは担保提供してはならない。

第19条（本契約の変更）
　本契約は、貸出人、借入人及び連帯保証人が書面により合意する場合を除き、これを変更することができない。

第20条（期日の取扱い）
　本契約で使用する月日は、本契約で別段の定めのない限り銀行営業日を指し、支払期日又は期限到来日が銀行営業日以外の日の場合は、それ以降に最初に到来する銀行営業日を指す。

第21条（権利の存続）
　貸出人が、本契約に基づく権利の一部又は全部を行使しないこと、若しくは行使の時期を遅延することは、如何なる場合であっても貸出人が当該権利を放棄したもの若しくは借入人及び連帯保証人の本契約に基づく義務を免除又は軽減するものではなく、貸出人の本契約に基づく権利、又は借入人及び連帯保証人の本契約に基づく義務には如何なる影響も与えない。

第22条（準拠法及び管轄の合意）
1　本契約の準拠法は、日本法とする。
2　本契約に関する一切の紛争については、大阪地方裁判所を第一審の専属的合意管轄裁判所とする。

　この契約の締結を証するため、本契約書３通を作成し、各当事者が記名押印のうえ、それぞれ１通を保管するものとする。

第７章　債権譲渡

１．はじめに

今般の債権法改正における重要な改正事項の１つが債権譲渡法制に関する改正である。契約書作成においては、特約を設けなかった場合の新法下における規律（デフォルトルール）の正確な理解が重要であることは既に述べたとおりであるが、債権譲渡に関するデフォルトルールの理解は、これまでに検討した各種契約や債権譲渡契約書の作成・修正においても必要不可欠であるので、本章では、債権譲渡に関する改正項目を概説し、契約書作成に関する実務上の留意点を解説することとする。

２．債権譲渡に関する債権法改正の概要

（１）債権譲渡制限特約について

ア　債権譲渡制限特約の実効性確保と議論の状況

既に述べたとおり、旧法下においては、いわゆる譲渡禁止特約の付された債権の譲渡は無効と解されており[1]、譲受人が、譲渡禁止特約が付されていることにつき善意無重過失の場合のみ、例外的に当該債権譲渡が有効と解されてきた。しかしながら、このことが、中小企業等が自社債権を利用して資金調達を行うことの妨げになっていると指摘されており[2,3]、新法下では、譲渡制限特約が付されていても、これによって債権譲渡の効力は妨げられないこととされた（新法第466条第２項）。

かかる改正により、旧法に比して、債務者の弁済先固定の

1 最判昭48・７・19民集27巻７号823頁、最判昭52・３・17民集31巻２号308頁等。

利益の保護が後退するため、従前どおり、弁済先を確実に固定したい債務者側として、契約書において一定の特約を設ける必要があることも既に述べたとおりである（第１章の４参照)。なお、新法下においては、債務者は、譲受人の主観に関係なく、譲渡制限特約付きの金銭債権が譲渡された場合には、その全額について供託することができるので（新法第466条の２)、新設された同条に基づく供託によれば十分であると考える場合には、この点についての詳細な検討までは不要であろう。

他方で、当該契約における交渉力の差異によっては実現が困難な場合も想定されるが、債権者側としては、譲渡制限特約付債権を譲渡すれば、形式的には債務不履行に該当し得る以上、譲渡制限特約付債権を譲渡した場合に、解除権の行使を含む債務不履行責任を追及されぬよう、契約書の文言を工夫する必要があるといえるであろう。

以上の点に関し、そもそも譲渡制限特約付債権を譲渡する

---

2 より具体的には、①譲渡禁止特約が力関係において優位にある債務者によって定型的に用いられていることが多く、譲渡禁止特約付債権を譲渡する必要が生じ、個別に債務者に承諾を求めても、その承諾を得られないことがある、②譲渡禁止特約付債権を譲渡するために債務者に承諾を求めると、それによって自らの信用状態に懸念を持たれるおそれがあることから、債務者に承諾を求めることなく債権譲渡を断念することがある、③債権譲渡による資金調達は、譲渡の対象となる債権の資産価値（債務者の信用力）を利用して資金調達をするものであるが、譲渡禁止特約が物権的効力を有するという理解を前提とすると、譲渡禁止特約付債権による資金調達の場合には、最終的に債務者の承諾が得られないと譲渡人に債権の買戻しを求めなければならなくなるため、債務者の信用力だけでなく譲渡人の信用力を勘案する必要が生じ、その結果、債務者の信用力が高い場合であっても資金調達に要するリスクを低減させることができないといった点が指摘されていた（この点につき、部会資料74A・３頁。)。

3 一問一答164頁、部会資料74A・３頁。これに対して、新法は債権譲渡を促進することを意図していない旨指摘するものとして、赫高規「改正債権譲渡禁止特約法制についての４つのありがちな誤解」事業再生研究機構編『債権譲渡法制に関する民法改正と事業再生』163頁以下（特に169頁以下）がある。

ことが債務不履行を構成するかが問題とされていることは既に述べたとおりである。一部繰り返しになるが、以下、若干詳述する。

まず、立案担当者等から、今般の改正の趣旨が、中小企業等による資金調達の促進にある点に鑑み、譲渡制限特約付債権の譲渡は債務不履行を構成しない旨の説明がなされており、当該債権譲渡を理由とする契約の解除や取引の打切りは権利濫用に該当する可能性があるとされている[4]。

また、譲渡制限特約に違反する債権譲渡のみでは損害の発生を観念できないため、違約金条項の適用を否定する見解もあり[5]、現時点では、債務不履行責任を否定する見解が多数を占めるものと思われる。

しかしながら、審議の過程においても、債権譲渡制限特約違反を要件とする約定解除権を定める条項[6]や違約金条項も有効であるとの見解が示されていたほか、現時点では、金融機関等が債権譲渡制限特約違反を認識しながら債権を譲り受けることがいわゆるコンプライアンス違反になり得るとの指摘もあるため[7]、このような特約も、紛争時に有効性等が是

4 一問一答165頁。

5 このような見解として、事業再生機構編・前掲注3）76頁〔井上聡発言〕があり、違約金条項の設定が優越的地位の濫用（独占禁止法第2条第9項第5号）に該当する可能性も示唆されている。これに対し、原則として約定どおりの違約金の請求が可能であるとする見解として、債権法改正と実務上の課題234頁以下〔深山発言〕がある。

6 債権譲渡制限特約違反に基づく約定解除権を付与する条項については、その有効性を否定する特段の事情のない限り、有効であり（債権法改正と実務上の課題232頁〔深山発言〕）、別途、当該解除権行使が権利濫用に該当するか等が個別具体的な事案において問題となり得るにとどまるように思われる（債権法改正と実務上の課題233頁〔山野目発言〕）。もっとも、権利濫用に該当し得る範囲の広狭については論者によっても見解の一致をみず（債権法改正と実務上の課題233頁〔井上発言〕は、約定解除権の行使が権利濫用に該当する事案も少なくない可能性を指摘する。）、今後の議論に委ねられている。

認されるかは措くとして、債権譲渡に対する一定の抑止力になり得よう。

イ　譲渡人倒産の場合

上記のような議論を前提に、主に金融機関を譲受人（譲渡担保権者を含む。以下本項において同じ。）、法的倒産手続が開始された者を譲渡人（譲渡担保権設定者を含む。以下同じ。）とする場合の法律関係等について検討する。

新法下においても、譲受人が債権譲渡制限特約につき悪意又は重過失の場合には、債務者は譲渡人に対して弁済し、それを譲受人に対抗することができる（新法第466条第３項）。

この点、債権の譲受人が金融機関であれば、ほぼ例外なく、債権譲渡制限特約について、少なくとも重過失があるものと判断されると思われるので[8]、譲受人である金融機関が、債務者に対して、直接、譲受債権を取り立てることは現実には不可能である。このような状況下で、譲渡人につき破産手続開始決定（民事再生・会社更生手続は含まない[9]。）がなされた場合を想定して、新法第466条の３は、当該譲受人が債権譲渡制限特約につき悪意又は重過失であっても、債務者に対して債権全額の供託を求めることができる旨定めている（この供託は義務供託と解されている。）。

しかしながら、同条に基づく供託請求がなされる前に、譲

---

7 この点について、事業再生研究機構編・前掲注３）80頁以下、堀内秀晃「民法改正と譲渡制限特約―ABLレンダーの視点より―」金法2031号17頁以下、重要論点79頁以下〔末廣裕亮執筆〕参照。

8 このような指摘として、笠間宏之「債権譲渡制限特約の新法案が実務に与える影響」・事業再生研究機構編・前掲注３）15頁以下がある。

9 新法は、民事再生手続及び会社更生手続については何らのルールも設けていないが、新法第466条の３が、民事再生手続等に類推適用される可能性を指摘するものとして、債権法改正と実務上の課題230頁〔山野目発言〕。

渡人や破産管財人等が債務者から弁済金を受領した場合、譲受人が有する弁済金の引渡請求権は、弁済金の受領が破産手続開始決定前であれば破産債権として扱われ、譲受人は優先弁済を受けることができず、破産手続開始決定後に破産管財人が受領したときには財団債権（破産法第148条第１項第５号）となるものの[10]、いわゆる廃止事案では、満額の回収ができないこととなる。コミングリング・リスクといわれる債権譲受人のリスクであるが、債権譲渡契約書を含め、債権譲渡に関する契約書作成等においては、譲渡人倒産時におけるデフォルトルール[11]を、倒産実体法も含めて、正確に理解しておくことが肝要である。

譲渡制限特約付債権

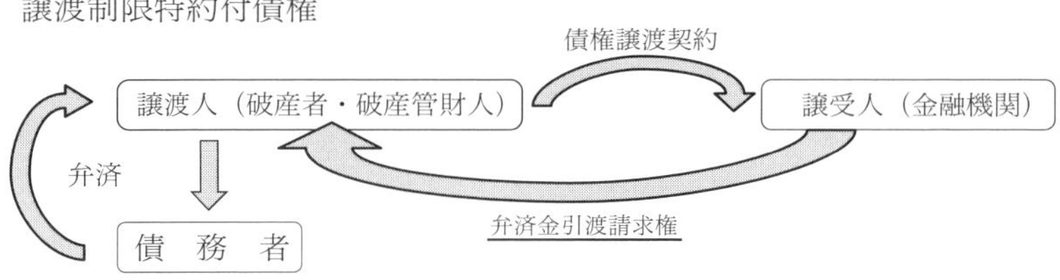

悪意の譲受人による債務者に対する供託請求		債務者が譲渡人又は破産管財人に弁済した場合の弁済金引渡請求権
破産手続開始決定前	×	破産債権
破産手続開始決定後	○	財団債権（反対説あり）
再生手続開始決定前	×	再生債権
再生手続開始決定後	×	共益債権（反対説あり）
更生手続開始決定前	×	更生債権
更生手続開始決定後	×	共益債権（反対説あり）

※事業再生研究機構編・前掲注３）17頁。

10 潮見・概要152頁以下参照。これに対して、管財人が受領した場合も、弁済金の引渡請求権は破産債権であると解する見解もある（この点につき、笠間・前掲注８）17頁参照）。

11 譲渡制限特約付債権に質権を設定した場合の規律については、重要論点95頁以下〔末廣裕亮執筆〕参照。

（2）将来債権譲渡について

今般の債権法改正においては、旧法下では判例法理に委ねられる部分の多かった将来債権譲渡についても明文の規定が設けられた。具体的には、以下の各判例準則が明文化されたものと説明される。すなわち、

①将来発生すべき債権を目的とする債権譲渡契約は、譲渡対象債権が特定されている限り、原則として有効である[12]。

②将来発生すべき債権を譲渡対象とする債権譲渡契約が締結された場合には、債権譲渡の効果の発生を留保すると特段の付款のない限り、譲渡対象債権は債権譲渡契約によって、確定的に譲受人に移転し、譲渡対象債権が将来発生したときは、譲渡人の特段の行為を要することなく当然に、当該債権を取得する[13]。

③将来債権譲渡については、指名債権譲渡の対抗要件の方法により第三者対抗要件を具備することができる[14]。

という3つの判例準則の明文化である[15]。もっとも、譲渡対象債権が譲受人の下で発生するのか、譲渡人から承継取得することになるのかという理論的問題は、依然として解釈に委ねられているとされている。

また、旧法下においては、将来債権譲渡契約締結後に、譲渡対象債権の発生原因たる契約に譲渡禁止特約が付された場合の規律について見解の一致をみなかったが、今般の債権法改正により、債権譲渡について債務者対抗要件が具備される時点までに譲渡制限特約が付された場合には、譲受人を悪意とみなし、

---

12 最判平11・1・29民集53巻1号151頁、最判平19・2・15民集61巻1号243頁。

13 前掲最判平19・2・15。

14 最判平13・11・22民集55巻6号1056頁、前掲最判19・2・15。

15 この点につき、詳解275頁〔森田宏樹執筆〕、潮見・概要156頁以下。

債務者は同特約を譲受人に対抗できる旨規定された（新法第466条の６第３項）[16]。債権譲渡に関して将来債権の譲渡も想定されている場合には、上記デフォルトルールの変更を前提に契約書の作成等をする必要がある。

（３）無留保承諾規定の削除について

旧法下においては、債務者が異議をとどめないで債権譲渡を承諾したときは、債務者は、譲渡人に対抗することができた事由をもって、当該抗弁について善意無過失の譲受人に対抗することができないとされていた（旧法第468条第１項）[17]。

しかしながら、単に債権譲渡を認識した旨を債務者が通知するだけで抗弁の切断効を認めては債務者にとって予期せぬ重大な結果を招来しかねない点を考慮し、新法は同項に基づくいわゆる無留保承諾制度を廃止し、抗弁の切断には、抗弁を放棄する旨の意思表示を要することとした。この抗弁放棄の意思表示に関し、譲受人の主観は問題にならないとされ[18]、また、意思表示は、譲渡人又は譲受人のいずれに対してなされてもよいものと考えられている[19]。

かかる改正により、抗弁放棄の意思表示の有効性については、意思表示に関する一般準則によることとなり、例えば、債務者が既に弁済したことを失念して弁済による債権消滅の抗弁を放

16 以上につき、一問一答175頁以下も参照。
17 譲受人の主観については、最判平27・6・1民集69巻４号672頁。
18 講義228頁〔沖野眞已執筆〕。もっとも、旧法に比して債務者の保護が後退することを防止すべきとの配慮から、抗弁放棄の意思表示については、「譲受人の知らない」抗弁は主張しないといった趣旨に縮小解釈されるべきとの見解もある（Before/After273頁〔和田勝行執筆〕。この点については、債権法改正と実務上の課題266頁〔高須発言・松岡発言〕も参照。）。
19 この点につき、潮見・新債権総論Ⅱ452頁参照。

棄する意思表示をした場合には、当該意思表示が錯誤を理由として取り消される余地が残ることとなる[20]。

また、より重要な点は、抗弁放棄の意思表示においては、放棄される抗弁が明示されている必要があるとの解釈もあり得る点である[21]。やや敷衍すれば、債権譲渡がなされるよりも前に包括的な抗弁放棄条項が設けられている場合には、債務者が消費者であれば消費者契約法第10条の規定により無効と解され、さらに当該条項が定型約款に規定されている場合には、新法第548条の２第２項が定めるみなし不合意に関する規律により契約内容への組入れが否定される可能性がある点である[22]。旧法下における無留保承諾にかかる規律を前提に、契約書上に包括的な抗弁放棄条項を設けているのみである、あるいは各種約款内に同様の条項を定めているのみであるというケースにおいては、新法下における上記デフォルトルールを前提とする対応を検討する必要があろう。

3．契約書作成上の債権譲渡に関する留意点―債権譲渡制限特約に関して

まず、弁済先を固定する利益を重視する債務者の立場としては、債権譲渡制限特約違反を理由とする約定解除権や違約金の条項を設けることを検討する余地がある点については既に述べたとおりであるが、立場が変わり、適法に債権譲渡を行いたい債権者の立

20 この点につき、潮見・新債権総論Ⅱ451頁。

21 包括的な抗弁放棄の意思表示の有効性については、解釈に委ねられているものとされるが（この点につき、部会資料74A・12頁。）、潮見・新債権総論Ⅱ452頁は、放棄対象は明示されている必要があるとする。

22 この点につき、潮見・新債権総論Ⅱ452頁、債権法改正と実務上の課題264頁以下〔松岡発言〕。

場からは、債権譲渡制限特約違反が債務不履行を構成しないことをより明確化する趣旨で、例えば、譲渡制限特約付債権を譲渡する際に譲受人に特約の存在を通知する義務を自らに課した上で、これにより譲受人を悪意者とした場合には、債権者は債権譲渡制限特約違反にかかる一切の責任を免れるといった規定を設けることを検討する余地があるであろう[23]。

また、必ずしも新法下においてのみ生じる問題ではないが、新法下におけるデフォルトルールを前提としても、債権の譲受人は引き続きコミングリング・リスクを負うので、契約書上でも、かかるリスクをなるべく回避できるような措置を検討しておく必要がある。

この点について、破産法第71条第２項第２号は、倒産実体法としての相殺禁止の例外として、破産債権者が支払不能を知った時よりも「前に生じた原因」による債務負担であれば、それを受働債権とする相殺を許容している。ここにいう「原因」とは、破産債権者の相殺期待を直接かつ具体的に基礎づけるものと解され、規範性を有しているが、金融機関・融資先の債務者・融資先の三者が、債務者による支払先を当該金融機関に開設された融資先名義口座のみとし、それ以外の方法による支払いを行わず、この振込指定は当該金融機関の同意なく撤回できない旨合意する場合（いわゆる「強い振込指定」の場合）には、「原因」に該当するものと解されている[24]。

23　この点につき、一問一答165頁・注２）。

24　この点につき、例えば、伊藤眞ほか『条解破産法〔第２版〕』（弘文堂・2014年）561頁、事業再生研究機構編・前掲注３）62頁〔井上発言〕等参照。また、このような三者間合意に限らず相殺期待を拡充する見解として、例えば、上原敏夫「いわゆる『強い振込指定』について」青山善充先生古稀祝賀論文集『民事手続法学の新たな地平』（有斐閣・2009年）655頁以下参照。

これらの点を踏まえ、特に金融機関としては、債権譲渡担保を念頭においた融資契約においては、上記のような三者間合意を取り交わすか、あるいは融資先に対し、融資先とその債務者との間における原因契約において、支払先口座を融資先が指定することとなっている場合は、当該金融機関に開設された口座を支払先口座とすることを義務付けるといった対応を検討する必要があろう。

４．債権譲渡に関する留意点─無留保承諾規定の削除に係る対応

いわゆる無留保承諾制度が廃止され、上記２（３）のとおり、抗弁放棄の意思表示に関するデフォルトルールが変更されたことを踏まえると、抗弁を放棄する旨の承諾書等を債務者から取得する場合には、可能な限り、想定され得る抗弁の内容について具体的に特定し、抗弁放棄の意義を理解した上でそれを承諾することを確認するなどの文言を記載しておくことが望ましいであろう[25]。

また、本稿では紙幅の都合上詳述しないが、今般の債権法改正において、債権の譲受人に対抗できる相殺権の範囲が拡充されているので（新法第469条第２項)、債権譲渡担保契約等を締結する際に、譲渡人に表明保証させる事項として、一般的な契約書に散見される「債務者の抗弁となる事由がないこと」に加え、「抗弁事由が発生するおそれもないこと」といった表明保証条項の追加を検討する余地があるものと思われる[26]。

---

25 例示列挙に加え、「その他一切の抗弁権」などのいわばバスケットクローズを設けることも検討に値するものと思われる。また、いわゆる債権流動化取引においては、債権譲渡制限特約の解除と抗弁放棄の意思表示は別個の意思表示と解される点に注意を要する（この点につき、青山薫ほか「債権譲渡をめぐる民法改正と債権流動化取引─契約書実務への影響を踏まえて─」金法2014号41頁)。

26 遠藤99頁以下、青山ほか・前掲注25）50頁以下参照。

著者プロフィール

■ 佐藤　俊（さとう・しゅん）

大江橋法律事務所　弁護士

2004年慶應義塾大学法学部法律学科卒業、2005年弁護士登録。

主な業務分野は、事業再生・倒産法関連、労働法関連、M&A、会社法務一般、企業不祥事・危機管理・コンプライアンス、環境法関連、公害紛争、ファイナンス、不動産私法関連、一般民事訴訟など。

主な執筆として、大江橋法律事務所編「ケーススタディで学ぶ債権法改正」（株式会社商事法務、2018年）、「民法改正に伴い約款を変更する場合の用件と手続」（BUSINESS LAWYERS website掲載）などがある。

■ 土岐　俊太（どき・しゅんた）

大江橋法律事務所　弁護士

2012年京都大学法学部卒業、2014年京都大学法科大学院修了、2015年弁護士登録。

主な業務分野は、M&A、会社訴訟、ファイナンス、不動産など。

主な執筆として、「海外販売店契約で頻発するトラブルとその対応策」（Business Law Journal No.136）などがある。

■ 吉原　秀（よしはら・まさる）

大江橋法律事務所　弁護士

2014年大阪大学法学部卒業、2016年東京大学法科大学院卒業、2017年弁護士登録。

主な業務分野は、一般企業法務、一般民事訴訟、事業再生、公正取引コンプライアンスなど。

主な執筆として、「民法改正と経過規定—施行日前に契約を締結する際の留意点等」（BUSINESS LAWYERS website掲載）などがある。

債権法改正を踏まえた契約書法務

発行日　　令和２年４月１日

編　集　　大阪弁護士協同組合出版委員会 第５部会

発　行　　大阪弁護士協同組合

〒530-0047　大阪市北区西天満１-12-５
大阪弁護士会館５階
TEL 06-6364-8208　FAX 06-6364-1693

定価　1,800円＋税

ISBN978-4-902858-24-2